PETIT VOYAGE

Lyon

lonely planet

Lyon
1re édition

place
des
éditeurs

© **Lonely Planet 2007,**
c⊙nvergencestourisme
12 avenue d'Italie, 75627 Paris cedex 13
☎ 01 44 16 05 00
📧 lonelyplanet@placedesediteurs.com
💻 www.lonelyplanet.fr

Dépôt légal
Mars 2007
ISBN 978-2-84070-592-5

Photographie de couverture : Traboule à Lyon,
©GELBART/AgenceImages

Tous droits de traduction ou d'adaptation, même
partiels, réservés pour tous pays. Aucune partie de
ce livre ne peut être copiée, enregistrée dans un
système de recherches documentaires ou de base
de données, transmise sous quelque forme que ce
soit, par des moyens audiovisuels, électroniques
ou mécaniques, achetée, louée ou prêtée sans
l'autorisation écrite de l'éditeur, à l'exception de
brefs extraits utilisés dans le cadre d'une étude.

Imprimé en France par E.M.D. — N° 16903

Lonely Planet et le logo de Lonely Planet sont des
marques déposées de Lonely Planet Publications
Pty Ltd.

Lonely Planet n'a cédé aucun droit d'utilisation
commerciale de son nom ou de son logo à
quiconque, ni hôtel, ni restaurant, ni boutique,
ni agence de voyages. En cas d'utilisation
frauduleuse, merci de nous en informer :
www.lonelyplanet.fr

Responsable éditorial : Didier Férat
Coordination éditoriale : Bénédicte Alice Martin
Coordination graphique : Jean-Noël Doan et Laurence Tixier
Maquette : Aude Gertou et Caroline Dezeuze
Cartographie : Claude Dubut (Afdec)
Création graphique et couverture : Aude Gertou et Sébastienne Ocampo
Remerciements à Christiane Mouttet pour sa précieuse contribution au texte ainsi qu'à
Clare Mercer et Becky Rangecroft du bureau londonien.

Un mot de l'auteur
Merci à Samia Aoudia pour son accueil, son carnet d'adresses et son réconfort dans les
moments de doute. Merci aussi à Julie et Gabi, pour leur thé et leur amitié.
    À Lonely Planet, merci à tous de n'avoir jamais cessé de me soutenir. Dans le reste du monde,
merci à ma famille Esnaud-Evain-Grohan-Phengrasmy, à Aude Gertou et à Christine
Leflecher pour leur confiance inébranlable.
    Enfin, dans le désordre, merci à Taos-Hélène Hani, Cédric Bernard, Jean-Victor Rebuffet,
Thomas Hornus, Aude Dulaurier, Philippe Pace et Grégoire Palluy.

Sommaire

3

Sommaire

L'auteur

ÉMILIE ESNAUD

Bretonne au flot de paroles souvent intarissable, Émilie préfère être présentée comme la fille spirituelle de Tlaloc, dieu aztèque de la Pluie, et de Sarasvatî, déesse indienne de la Parole. Après d'improbables aventures qui l'ont menée de sa ville natale de Redon au Mexique en passant par l'Inde, elle a quitté l'enseignement pour rejoindre l'équipe de Lonely Planet en tant qu'assistante d'édition.

"Et Lyon dans tout ça ?", se demandera le lecteur étourdi par ce tour du monde. La belle histoire d'Émilie avec la capitale des Gaules a commencé en 2000 lorsqu'elle y établit son campement en vue d'y conquérir un Dess. Un an plus tard, à l'autre bout du monde, elle se nouait d'amitié avec une Lyonnaise exilée qui lui fit découvrir un nouveau visage de sa ville et à qui elle continue de rendre visite régulièrement dans la Cité des gones. Elle a donc saisi avec plaisir l'occasion de partager à travers un guide de voyage sa riche expérience lyonnaise.

Son seul regret : que personne autour d'elle n'ait trouvé pertinent qu'elle indique dans ce guide la distance Redon-Lyon (à savoir très exactement 808 km).

Ma journée idéale

Elle commence par un café à la terrasse du Ké Pêcherie (p. 101), face à la Saône, avant de faire le plein d'oxygène avec une balade dans le parc des Hauteurs (p. 36), derrière la basilique de Fourvière. Une pause au jardin des Curiosités s'impose pour admirer ses chaises en forme d'œuvres d'art (p. 36). Je rejoins ensuite la Presqu'île pour déjeuner au Boulevardier (p. 81). Un petit trajet en bus pour digérer, et hop !, me voici au musée d'Art contemporain (p. 58), prête à expérimenter de nouvelles sensations. En fin d'après-midi, je passe prendre mon amie Samia et nous partons dîner au Shalimar (p. 81) en souvenir de nos épopées indiennes, non sans avoir fait un petit détour rue Paul-Bert pour déguster les *makrout* d'El Ghoul (p. 100), définitivement les meilleurs qu'il m'ait été donné de goûter.

Préliminaires

Commençons par les points négatifs, histoire de mettre un terme aux idées reçues : Lyon est le centre de la deuxième agglomération française, ce qui n'en offre pas une image très reposante ; c'est une ville traditionnellement commerçante et bourgeoise ; les Lyonnais sont réputés pour leur froideur. À tout cela, on peut répondre : "Oui, mais…". Et c'est ce "mais" qui change tout.

Car Lyon est une grande ville, mais elle a su conserver une dimension humaine : il ne faut que quelques heures pour apprendre à s'y orienter parfaitement. C'est aussi un lieu aux multiples et superbes îlots de verdure, au calme improbable au cœur de la ville. C'est une ville aux apparences bourgeoises, mais qui recèle des quartiers branchés et pluriethniques. C'est une ville où les gens ont souvent l'air indifférent au voyageur de passage, mais en allant vers eux, on obtient toujours l'aide dont on a besoin. C'est une ville où il n'est pas facile de nouer des liens, mais une fois qu'on a passé les premières barrières, ce sont généralement des liens forts et durables. Bref, quelques jours à Lyon suffisent pour mettre à bas les préjugés.

Que vous soyez plutôt fin gourmet, passionné de musées, amoureux de balades dans les quartiers historiques, friand de spectacles, oiseau de nuit, ou tout ça à la fois, Lyon offre un champ des possibles qui donne le tournis. Et une fois qu'on en a pris la mesure, on ne peut que s'en émerveiller et regretter de ne pas avoir plus de temps. Alors on y retourne, inlassablement.

Du sur-mesure

PAR ICI LES TOUS-PETITS

- Admirer les petites bêtes et les grosses au parc de la Tête-d'or (p. 61)
- Glousser devant un spectacle de Guignol (p. 50)
- S'émerveiller devant les automates en mouvement du musée La Renaissance des automates (p. 51)
- Jouer à Tarzan en faisant de l'accrobranche à Fourvière aventures (p. 39)
- Se laisser attendrir par les chiots et les chatons du marché des animaux le dimanche matin sur la place Carnot (p. 117)

LES ENFANTS D'ABORD

- Jouer à se faire peur devant les requins du grand Aquarium (p. 66)
- Déguster un délice glacé aux Enfants gâtés (p. 95)
- Apprendre en s'amusant au Muséum d'histoire naturelle (p. 62)
- Voir un opéra pour enfants au théâtre Nouvelle génération (p. 112)
- Découvrir l'infiniment petit au musée de la Miniature (p. 49)

ROMANTIQUE À SOUHAIT

- Flâner dans les Halles de la Part-Dieu et composer un bouquet de fleurs personnalisé (p. 114)
- Descendre main dans la main la colline de Fourvière (p. 36)
- S'embrasser dans une traboule à l'abri des regards (p. 46)
- Dîner aux chandelles à la Commanderie des Antonins (p. 87)
- Prendre un verre à la Cour des loges (p. 74), rêver de pouvoir y dormir et le faire !

AVEC LES ADOS SUR LE DOS

- S'initier en famille à l'aviron (p. 66)
- Se défouler sur des roulettes diverses au Skate Park de Gerland (p. 64)
- Éveiller leur curiosité au musée d'Art contemporain (p. 58)

- Les rendre muets de plaisir en leur offrant du chocolat de chez Bernachon (p. 115)
- Leur apprendre à aimer leur dentiste en visitant le musée des Hospices civils (p. 33)

ZEN, SOYONS ZEN
- Dormir dans une des chambres intégralement blanches du Collège Hôtel (p. 74)
- Manger bio au À point café (p. 97)
- Vivre la ville en vélo'v (p. 30)
- Profiter de la verdure avec une balade sur l'île Barbe (p. 48)
- Boire un verre au très scandinave Café Møde (p. 104)

QUAND IL PLEUT
- Se recentrer sur soi au spa de l'Hôtel Lyon Métropole (p. 76)
- Se réchauffer les papilles au restaurant Le Sud de Bocuse (p. 82)
- Voyager autour d'une tasse de thé à Confidences (p. 88)
- Se mettre à l'abri entre deux chefs-d'œuvre du musée des Beaux-Arts (p. 30)
- Voir ou revoir un bon film bien au chaud dans l'une des minuscules salles de La Fourmi Lafayette (p. 113)

LYON EN HIVER
- Contempler la chaleur des Lyonnais au cœur de l'hiver lors de la Fête des lumières (p. 19)
- Faire le plein de calories dans un bouchon (p. 90)
- Savourer sans modération les bugnes lyonnaises quand arrive la saison (p. 84)
- Acheter un couvre-chef pour se protéger du froid chez un chapelier du passage de l'Argue (p. 118)
- Boire un vin chaud Chez Mimi dans le Vieux Lyon (p. 105)

DU BEFORE À L'AFTER
- Prendre l'apéritif au Café de la mairie sur la place Sathonay (p. 106)
- Dîner à la Cantine des Sales Gosses (p. 89)

- Apprendre la salsa à la Casa latina (p. 103)
- Danser au rythme des Djs du Sirius (p. 108)
- À 3h, passer sur le pont de La Marquise, juste à côté (p. 108)
- À la fermeture, bouger jusqu'au O'Conways (p. 108) pour un dernier verre pendant que la gare se réveille
- Prendre un café à L'Escalier (p. 101)
- Se balader au petit matin sur les quais de Saône
- Bruncher face à la Saône sur la terrasse du Ké Pêcherie (p. 101)

ALLONS-Y GAYMENT
- Se régaler d'un bon repas aux Feuillants (p. 92)
- Se déhancher au Marais ou à La Chapelle (p. 110)
- Se laisser porter par la musique électro au DV1 (p. 110)

RUGIR DE PLAISIR
- Savourer de la grande cuisine à petits prix dans l'une des brasseries de Paul Bocuse ou de Jean-Paul Lacombe (p. 98)
- S'essayer aux spécialités locales chez une mère lyonnaise (p. 96)
- Acheter le meilleur des lyonnaiseries chez Colette Sibilia, aux Halles (p. 114)
- Se délecter des succulents macarons de Bouillet (p. 115)
- Prendre un café en piochant sans culpabilité dans un bol de bonbons au Café-Épicerie Les Loges (p. 104)

QUAND LA MUSIQUE EST BONNE
- Se laisser porter par un concert classique à l'Opéra (p. 110) ou à l'Auditorium (p. 111)
- Assister à une jam session au Hot Jazz Club (p. 104)
- Bouger dans les rues de Lyon sur de l'électro pendant le festival Nuits sonores (p. 17), fin mai
- Vivre au rythme latino au Café Cuba (p. 106) et à Extrême Légende (p. 104)
- Danser sur de la musique rock à l'Eden rock café (p. 103) ou à L'Atmosphère (p. 107)

DE L'ART EN BARRES

- S'asseoir sur des pièces uniques au jardin des Curiosités (p. 36)
- Parcourir la ville à la recherche de ses fabuleux murs peints (p. 26)
- Observer le moment où l'artisan devient artiste à l'Atelier de la soierie (p. 55)
- Se reposer entre deux sculptures de Rodin dans le jardin du palais Saint-Pierre (p. 27)

LES YEUX ARCHI-OUVERTS

- Partir sur les traces de Tony Garnier (p. 59, 60 et 65)
- Se forger une opinion sur la controversée place des Terreaux (p. 22)
- Se balader dans la Cité internationale (p. 57)
- Repérer les styles qui composent les mosaïques architecturales que sont la primatiale Saint-Jean (p. 44) et l'église Saint-Paul (p. 47)

JOUE-LA COMME L'OL !

- Acheter son écharpe de l'Olympique lyonnais (p. 59)
- Vivre un match en direct au stade de Gerland (p. 59)
- Assumer que l'on préfère voir les matchs de foot à la télé au Palais de la bière (p. 105)

Histoire

VENI, VIDI, VICI : L'ÉPOQUE ROMAINE

Bien que l'on sache que l'occupation de Vaise (au nord de Fourvière, sur la rive droite de la Saône) remonte à une époque antérieure à l'arrivée des Romains dans le périmètre de l'actuelle Lyon, l'histoire de la ville commence officiellement avec l'installation de légions romaines sur la colline de Fourvière en 48 av. J.-C. Lugdunum ("colline de Lug", dieu gaulois du Soleil, ou "colline des corbeaux", le doute subsiste) fut fondée par Munatius Plantus en 43 avant notre ère. Au pied de la Croix-Rousse s'étendait Condate ("confluent"), un petit village gaulois.

Au premier siècle après J.-C., la ville devint capitale administrative et religieuse des Trois-Gaules (Lyonnaise, Aquitaine et Belgique). Les représentants de 60 cités gauloises s'y réunissaient chaque année. L'histoire bascule en 196, quand Lyon dut faire le choix de soutenir l'un des deux prétendants à la tête de l'Empire romain : Septime Sévère, le vainqueur, ne pardonna pas à la ville d'avoir soutenu Albin, son rival. L'importance et l'influence de Lyon décrurent tout au long du IIIe siècle.

LES INVASIONS BARBARES

Le IIIe siècle fut aussi celui des invasions barbares et de la destruction des aqueducs, qui, privant la ville d'eau, poussa la population à quitter la colline pour rejoindre l'actuel Vieux Lyon sur les bords de Saône. Au Ve siècle, les Burgondes y établirent leur capitale. Les Francs leur succédèrent du VIe au VIIIe siècles mais firent tout leur possible pour affaiblir la ville, ne pouvant accepter son allégeance passée aux Burgondes. La croissance économique et démographique s'en ressentit fortement.

SECOURS CATHOLIQUE

Lyon ne retrouva une partie de son importance passée qu'au début du XIe siècle, sous l'influence de l'Église qui en fit le siège

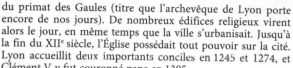

du primat des Gaules (titre que l'archevêque de Lyon porte encore de nos jours). De nombreux édifices religieux virent alors le jour, en même temps que la ville s'urbanisait. Jusqu'à la fin du XIIᵉ siècle, l'Église possédait tout pouvoir sur la cité. Lyon accueillit deux importants conciles en 1245 et 1274, et Clément V y fut couronné pape en 1305.

Pendant ce temps, bourgeois et marchands contestaient fortement l'hégémonie de l'Église. En 1269, ils se rebellèrent, pillant et massacrant les paysans dévoués aux chanoines. Leur cri de guerre, "En avant Lion le melhor", est resté depuis lors la devise de la ville. N'arrivant pas à obtenir gain de cause, les révoltés finirent par appeler à l'aide Philippe le Bel qui annexa Lyon au royaume de France en 1292, privant l'Église d'une partie de ses privilèges. Les bourgeois commerçants réunis en "commune" devinrent alors les administrateurs de la ville. Lyon fut définitivement acquise au royaume de France en 1312.

TEL LE PHÉNIX… : LA RENAISSANCE

La guerre de Cent ans, l'épidémie de peste noire et les famines provoquèrent au XIVᵉ et au début du XVᵉ siècle une nouvelle baisse démographique et d'importantes destructions. Là encore, Lyon se releva. Cette fois, ce fut grâce à un privilège royal très envié : en 1420, la ville eut le droit de tenir chaque année deux, puis quatre foires franches (gratuites), qui furent installées rue Saint-Jean. Attirant commerçants et banquiers (entre autres la famille Médicis) de toute l'Europe, devenant le siège de la première Bourse du continent, la ville put renaître de ses cendres et devint plus qu'un pôle économique : elle se transforma en véritable centre de l'industrie, des arts et de la culture. La ville se modernisa et les hôtels particuliers sortirent de terre à une vitesse impressionnante, créant le besoin de construire des traboules (passages entre deux immeubles, voir p. 46) pour gagner de l'espace.

Deux événements d'importance marquèrent le renouveau de Lyon : l'invention de l'imprimerie et l'installation d'ateliers de soierie. Lyon vit naître le premier livre imprimé en français en 1476, *La Légende dorée* de Jacques de Voragine, et devint, aux XVe et XVIe siècles, l'un des centres majeurs de l'imprimerie en Europe. Par ailleurs, l'industrie de la soie fut installée à Lyon par François Ier en 1536. Des ateliers de soierie, où travaillaient les canuts, ouvriers spécialisés dans le tissage, envahirent le Vieux Lyon et les soyeux, marchands de soie, prospérèrent rapidement.

Au XVIe siècle, la ville fut secouée par la Réforme et de nombreux bâtiments subirent les foudres de l'un des protestants les plus véhéments, le baron des Adrets, qui s'attaqua notamment à la primatiale Saint-Jean en 1562. La guerre civile vit périr de nombreux imprimeurs, lesquels étaient en majorité protestants, et la peste de 1564 emporta les deux tiers de la population.

DEMAIN LA RÉVOLUTION

Les XVIIe et XVIIIe siècles virent perdurer l'essor de l'industrie de la soie. Le centre-ville se déplaça progressivement vers la Presqu'île et c'est à cette époque que l'Hôtel-Dieu fut rénové et que la place Bellecour fut créée et aménagée. De nouveaux quartiers, Perrache et les Brotteaux, se développèrent.

Ce fut également une période difficile, en particulier pour les populations les plus pauvres, assommées par l'impôt et qui voyaient leur pouvoir d'achat baisser inexorablement. La révolution de 1789 marqua une période encore plus noire pour la ville : majoritairement opposée au mouvement, elle perdit son nom pour devenir "commune affranchie" et l'on ordonna une destruction qui toucha notamment la place Bellecour. Lyon retrouva son nom et la place ses bâtiments grâce à Napoléon, qui mit également tout en œuvre pour relancer la soierie, dont l'activité était fortement ralentie depuis les débuts de la Révolution.

RUE DE LA SOIE

En 1800, l'apparition du métier Jacquard révolutionna le tissage de la soie et fit migrer les canuts sur les pentes de la Croix-

Rousse dans des appartements hauts de plafond et lumineux, spécialement construits pour accueillir ce nouvel outil. Face à une misère croissante, les canuts se révoltèrent à plusieurs reprises en 1831, puis en 1834 et en 1848. Ils prirent la ville et obtinrent de meilleurs salaires mais furent finalement vaincus. Les nouvelles conditions de travail qu'ils avaient négociées ne furent jamais appliquées. Ces révoltes marquèrent toutefois un tournant dans l'histoire du monde ouvrier qui, pour la première fois, s'unissait face au patronat.

Ces événements n'empêchèrent pas la modernisation de l'industrie de la soierie, notamment grâce à l'utilisation de la chimie pour la création de colorants textiles.

L'ENVOLÉE INDUSTRIELLE

En 1852, Vaise, la Croix-Rousse et la Guillotière (englobant alors les actuels quartiers de la Guillotière, des Brotteaux et de Gerland) furent rattachées à Lyon, offrant à la ville de nouvelles dimensions et de nouvelles prétentions. L'ancienne capitale des Gaules recouvrit une partie de son importance en tant que place financière en 1863 avec la création du Crédit lyonnais.

Mais la modernisation ne s'arrêta pas là : la sidérurgie et la métallurgie prirent leur essor et Berliet installa à Lyon son usine de fabrication automobile. Par ailleurs, des usines chimiques notables comme la Société chimique des usines du Rhône (future Rhône-Poulenc) et Saint-Gobain virent le jour. Sur le plan culturel, on assista à la naissance du cinématographe des frères Lumières en 1895.

En même temps, la ville elle-même changea de visage. Sur la Presqu'île furent percées de grandes rues, longées par des bâtiments aux façades inspirées du travail d'Haussmann à Paris, le funiculaire fut construit, de même que de nombreux ponts sur les deux fleuves. Des édifices d'importance surgirent dans le paysage urbain : le palais de Justice, le palais de la Bourse, les facultés de la rive gauche du Rhône mais aussi la basilique de Fourvière. C'est aussi à cette époque que fut aménagé le parc de la Tête-d'or.

À l'aube du XXe siècle, Lyon était en train de reprendre sa place historique sur le plan national.

GUERRES ET PAIX

En 1905, Édouard Herriot, homme politique du Parti radical, fut élu maire de Lyon, fonction qu'il occupa presque sans interruption (la seule eut lieu sous l'Occupation) jusqu'à sa mort en 1957. Il fit beaucoup pour l'installation d'infrastructures modernes : hôpitaux, écoles mais aussi logements sociaux. La ville s'équipa de l'électricité en 1910. Lyon garde encore aujourd'hui les traces de l'heureuse collaboration d'Herriot avec Tony Garnier qui conçut, entre autres, les abattoirs, le stade de Gerland et l'ensemble HLM du quartier des États-Unis autour de l'actuel Musée urbain dédié à l'architecte.

Durant la Première Guerre mondiale, les usines continuèrent à se développer, notamment celle de Berliet qui fabriqua, en plus des voitures, des camions. La croissance se poursuivit donc, surtout grâce à la sidérurgie, à la métallurgie et à l'industrie textile qui, malgré le déclin de la soierie, sut se réorienter vers les matières synthétiques comme le nylon et le tergal.

La Seconde Guerre mondiale marqua un arrêt dans la modernisation de la ville ainsi qu'un tournant dans l'histoire lyonnaise. La ville, restée en zone libre jusqu'en 1942, devint la capitale de la Résistance. Les imprimeries et journaux clandestins et l'action de Jean Moulin, torturé et tué par la Gestapo en 1943, furent les emblèmes de la lutte contre l'occupant.

Après la guerre, Lyon se reconstruisit et tenta de regagner sa place historique de carrefour européen. Lors de son dernier mandat, Herriot engagea de nouveaux projets – comme la construction du tunnel de la Croix Rousse – qui furent poursuivis par son successeur.

Louis Pradel, arrivé à la mairie en 1957, est tout particulièrement connu des Lyonnais pour son goût avoué pour le béton. C'est à lui que l'on doit notamment les projets avortés de destruction du Vieux Lyon – sauvé par André Malraux – et des abattoirs de

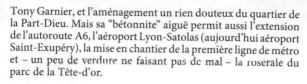

Tony Garnier, et l'aménagement un rien douteux du quartier de la Part-Dieu. Mais sa "bétonnite" aiguë permit aussi l'extension de l'autoroute A6, l'aéroport Lyon-Satolas (aujourd'hui aéroport Saint-Exupéry), la mise en chantier de la première ligne de métro et – un peu de verdure ne faisant pas de mal – la roseraie du parc de la Tête-d'or.

LE GRAND LYON

Comme Pradel, mais avec moins de béton et plus de respect pour les monuments et quartiers historiques, les maires successifs de la deuxième moitié du XXe siècle cherchèrent à asseoir la place de Lyon sur la scène nationale et européenne. Francisque Collomb, Michel Noir et surtout Raymond Barre entreprirent de grands chantiers qui donnèrent à la ville une image plus moderne. Les années 1990 furent ainsi celles de la Cité internationale, de l'aménagement de la nouvelle place des Terreaux par Daniel Buren et Christian Drevet, et de la reconstruction de l'Opéra par Jean Nouvel. Depuis 2001, Gérard Collomb (maire socialiste) a poursuivi les travaux qui ont abouti notamment à l'inauguration de l'amphithéâtre de la Cité internationale en 2006.

Parmi les grands projets actuellement en cours, le plus important est certainement l'aménagement de la zone du confluent, au sud de la Presqu'île, jusqu'à présent délaissé. L'objectif : en faire un lieu de culture et de loisirs. Le musée des Confluences devrait voir le jour fin 2008. Il sera hébergé dans un gigantesque bâtiment (46 000 m²) à l'allure très futuriste, déjà surnommé le "cristal nuage", conçu par l'agence autrichienne Coop-Himmelblau. Les berges du Rhône font également l'objet de grands travaux et devraient prochainement devenir un lieu très agréable de promenade et de loisirs.

Lyon est aujourd'hui la deuxième agglomération française avec près de 1,3 million d'habitants dans la Communauté urbaine du Grand Lyon (Courly).

Fêtes et festivals

Les fêtes et festivals de Lyon ont la réputation d'être souvent moins collet monté et élitistes que certains de leurs équivalents à Paris ou ailleurs. Et, de fait, ne pas être un expert en musique ou en théâtre y est loin d'être un handicap. Car l'idée, ici, est de faire partager ses passions, de rendre accessible à tous les créations les plus décalées et les exploits sportifs au même titre que les manifestations les plus traditionnelles. Et de faire découvrir, à l'occasion, un style, une œuvre ou, mieux encore, une sensation nouvelle.

Traversée de Lyon à la nage avec palmes (avant-dernier dimanche de janvier). Organisée par le club de plongée Thalassa (☎ 06 73 03 31 61 ; 3 rue Jouffroy-d'Abbans, 9ᵉ) et réservée aux licenciés, cette course dans le Rhône part du pont Poincaré et se termine au pont Pasteur (soit une distance de 8 km). Une à deux heures de nage en plein hiver, cela mérite bien quelques encouragements !

Biennale Musiques en scènes (mars ; ☎ 04 72 07 37 00 ; www.grame.fr ; 25-95 €). La musique s'entend ici sous forme d'expériences où le "corps écoutant" tient la première place. De prime abord, le concept a l'air un peu obscur mais, une fois que l'on assiste à une manifestation parmi la cinquantaine proposée, il prend tout son sens : performances, concerts-installations, danse, opéras, concerts et autres expositions d'art contemporain éveillent à la fois le regard et les oreilles, mais aussi et surtout la conscience artistique.

Quais du polar (3 jours en mars ou en avril ; www.quaisdupolar.com ; 7-15 €). Bien plus qu'un simple tribut au roman noir, ce festival créé par des passionnés du genre est l'occasion de découvrir non seulement des œuvres littéraires mais aussi des films. C'est aussi le moment ou jamais d'assister à un "bal noir" en présence d'auteurs de talent et de vivre une enquête grandeur nature dans les rues de Lyon !

Nuits sonores (5-6 jours fin mai ; port Rambaud et ailleurs ; www.nuits-sonores.com ; 20-25 €/nuit). Depuis 2002, le mois de mai lyonnais est placé sous le signe de la musique électronique. Allergiques, ne surtout pas s'abstenir ! L'originalité de ce festival, rapidement devenu un incontournable sur la scène internationale, est qu'il touche les amateurs mais parvient aussi à convaincre les autres. Si, pour vous, ce style musical se résume à un boum-boum sans intérêt, faites l'expérience et découvrez l'extraordinaire variété de l'électro.

Des warm-up sonores, quelques jours avant le début officiel des Nuits sonores, ouvrent le bal. Et, une fois les festivités lancées, toute la ville s'y met ! Lors des apéros sonores, qui ont lieu un peu partout, des Djs installent leurs platines dans les rues et les bars se transforment en "bars sonores" pour l'occasion. Et, bien entendu, de grands concerts et de grandes raves avec les plus grands groupes et Djs sont organisés.

Festival international du cinéma nouvelle génération (CNG ; juin ; www. cinemanouvellegeneration.com ; 2 €/séance, 5 €/pass festival). Un festival de cinéma numérique accessible au grand public. Courts métrages, films jeune public, films d'animation, DV, clips : tous les styles se rencontrent au CNG et c'est tant mieux pour les jeunes réalisateurs de tous pays qui trouvent ici un lieu de diffusion tout à fait unique. Pour le plus grand bonheur de spectateurs de plus en plus nombreux.

Les Nuits de Fourvière (juin-août ; théâtres gallo-romains de Fourvière, 5e ; www.nuitsdefourviere.fr). Théâtre, danse, musique et cinéma sont au programme des Nuits de Fourvière chaque été depuis plus de dix ans. Ce festival mêle artistes reconnus (Sting, Robert Plant ou encore Fanny Ardant en 2006) et créations singulières, parfois en exclusivité nationale. Les représentations ont lieu dans les théâtres gallo-romains, à l'acoustique exceptionnelle. Les tarifs varient selon les événements, renseignez-vous.

Les Dimanches de l'île Barbe (mi-juillet à début août ; gratuit). Au programme : musiques du monde, musique classique, jazz et théâtre de rue sur l'île Barbe. On profite ainsi de spectacles de qualité dans un cadre exceptionnel de calme et de verdure, loin du murmure de la ville et de ses machines folles.

Tout l'monde dehors (tout l'été ; ☎ 04 72 10 30 30 ; www.lyon.fr ; gratuit). Plus de 250 rendez-vous artistiques de juin à août. En plein air, forcément. L'idée se résume en quelques mots : gratuité, proximité, convivialité. Des associations et des équipes artistiques offrent gracieusement leurs talents. Pour le plus grand plaisir de leurs concitoyens, qui sont encouragés à poursuivre les festivités ensemble avec des repas de quartier.

Biennale d'art contemporain et Biennale de la danse (septembre ; ☎ 04 72 00 21 70 ; www.biennale-de-lyon.org ; 15-35 €). Les Biennales ont lieu en alternance en septembre et sont devenues au fil des années de grands rendez-vous artistiques à dimension internationale. Chaque année, un thème guide les diverses manifestations qui rassemblent des centaines d'artistes. Et Lyon vit alors pendant trois semaines au rythme des événements au programme. Une bonne occasion de découvrir des œuvres originales, tant pour les novices que pour les amateurs éclairés.

ET LA LUMIÈRE FUT

Fête des lumières (8 décembre, plus quelques jours avant et après). Si vous n'avez jamais entendu parler de cette fête (aussi appelée les Illuminations), lisez ce qui suit sans jamais, au grand jamais avouer votre ignorance passée à un Lyonnais. C'est en effet LA fête qui rassemble toute la ville depuis… 1852 !

Petite leçon d'histoire : le 8 septembre 1852 devait marquer l'inauguration d'une statue de la Vierge sur la colline de Fourvière, mais elle fut reportée au 8 décembre en raison d'une crue de la Saône. Le 8 décembre venu, un orage éclata et l'on crut devoir à nouveau décaler la cérémonie. Le temps finalement se dégagea et tous les Lyonnais, soulagés, mirent spontanément des bougies à leur fenêtre et descendirent dans les rues.

Vous êtes maintenant prêt à assister au spectacle fascinant, quoiqu'un peu encombré, des Illuminations. Depuis 1999, en plus des bougies aux fenêtres, les espaces et bâtiments publics sont éclairés et des spectacles ont lieu dans toute la ville.

Les Tupiniers du Vieux Lyon (2ᵉ week-end de septembre). Le grand marché annuel des potiers. Depuis 1986, les meilleurs potiers de France, d'Europe et parfois d'ailleurs, véritables artisans-artistes, envahissent les rues du quartier Saint-Jean pour faire connaître leur métier et leurs créations.

Festival de musique ancienne (décembre : 20-50 €). Bon, évidemment, pour cet événement-ci, avoir un minimum d'intérêt ou de curiosité pour la musique ancienne – Renaissance, baroque et classique – est préférable. Si vous êtes quelque peu dubitatif, ou juste un néophyte complet, faites un test avec la messe dominicale à la primatiale Saint-Jean (entrée libre). Si vous êtes un connaisseur, les représentations, qui se veulent "authentiques", vous enchanteront, c'est certain.

Découvrir

Impossible de s'ennuyer à Lyon ! La découverte des musées, des jardins, ou plus simplement de la vie lyonnaise à travers des balades dans les quartiers, historiques et plus récents, n'en finit jamais. Demandez aux Lyonnais : il y a toujours une traboule qu'on n'avait pas remarquée jusqu'ici ou une rue que l'on n'avait pas explorée !

POUR NE PAS SE PERDRE

Lyon n'est pas une ville dans laquelle il est très difficile de s'orienter. Repérez fleuves et collines, et vous voilà doté de la meilleure des boussoles.

La ville est traversée par le Rhône et la Saône, entre lesquels se trouve la Presqu'île, avec la gare SNCF de Perrache au sud, qui englobe le 2e arrondissement et une partie du 1er. Au nord de la Presqu'île, les pentes et le plateau de la Croix-Rousse composent le reste du 1er et le 4e arrondissement.

Le Vieux Lyon (5e arrondissement) se trouve sur la rive droite de la Saône, au pied de la colline de Fourvière (en haut de laquelle se dresse une basilique visible depuis pratiquement toute la ville). Plus au nord, le 9e arrondissement est plutôt résidentiel.

Sur la rive gauche du Rhône, on trouve du nord au sud : la Cité internationale, les Brotteaux (6e), la Part-Dieu (3e ; repérable à distance grâce aux 65 mètres de haut de sa tour-crayon à l'esthétique un rien douteuse), la Guillotière (3e et 7e) et Gerland (7e). Au sud-est enfin, une partie du 3e et le 8e arrondissement ferment la marche.

 Pris par le temps ? Pour aller à l'essentiel, repérez les sites incontournables et les coups de cœur de l'auteur, signalés par ce pictogramme.

LA PRESQU'ÎLE

Prise en tenaille entre le Rhône, à l'est, et la Saône, à l'ouest, la Presqu'île s'étend du quartier de l'hôtel de ville, au nord, au confluent, au sud. C'est aujourd'hui une zone très commerçante, avec de longues rues piétonnes. On y trouve nombre de boutiques, de restaurants et de bars. Théâtres, cinémas et Opéra en font aussi un pivot culturel. À l'origine "île de confluence", on lui a fait gagner du terrain pour lui donner la forme qu'on lui connaît de nos jours en asséchant progressivement ses bras fluviaux.

Si son occupation remonte à l'époque romaine, la Presqu'île n'existe pas alors en tant que telle. Les Romains occupèrent l'île des Canabae (aujourd'hui la place Bellecour) et le pied des pentes de la Croix-Rousse. Par la suite, la croissance de la population créa un besoin d'espace et le site fut progressivement asséché jusqu'au niveau de l'actuelle gare de Perrache. Il fut finalement relié à la colline de Fourvière par un pont à la fin du XIe siècle. C'est à cette époque que l'histoire de la Presqu'île commença véritablement. Elle devint à la Renaissance un centre marchand important et le pôle majeur de l'imprimerie lyonnaise et française.

De larges artères, telles que la rue de la République et la rue du Président-Édouard-Herriot, furent percées au cours du XIXe siècle par le préfet Vaïsse qui s'inspira des travaux haussmanniens parisiens. C'est lui qui donna à la Presqu'île son aspect actuel. L'édification du Palais de la Bourse en 1862 en fit également un centre financier. À la fin du XIXe siècle, les travaux de drainage de l'ingénieur Perrache étendirent la Presqu'île au sud jusqu'au confluent. Des travaux sont actuellement en cours pour aménager l'espace situé entre la gare et le confluent, avec notamment la construction d'un musée des Confluences qui devrait être inauguré en 2008.

Place Bellecour (M Bellecour). Une place tout à fait unique. Ses proportions tout d'abord, 310 m sur 200 m, en font une des plus grandes d'Europe. Sa situation ensuite, au cœur de la ville, la positionne comme un lieu incontournable. Son importance historique, enfin, la rend particulièrement chère aux Lyonnais.

Ce qui était à l'origine le jardin clos de l'archevêché a été transformé par Henri IV en 1604 en lieu de manœuvre militaire pour ses troupes. La place n'est définitivement acquise à la ville qu'au début du XVIIIe siècle et prend alors le nom de place Royale. Lors de la Révolution, nombre des bâtiments qui l'entourent sont détruits pour punir Lyon de ses attachements royalistes et ne seront reconstruits qu'au XIXe siècle. L'un des rares immeubles du XVIIIe encore debout se trouve au nord-est de la place en allant vers le pont Bonaparte. Repérez sa façade, plus foncée que celle de ses voisins.

Au centre de la place Bellecour se trouvait à l'origine une **statue de Louis XIV**, de Desjardins, encadrée par des figurations du Rhône et de la Saône datant de 1715. Elle fut détruite pendant la Révolution. En 1825, une nouvelle statue équestre fut réalisée par François-Frédéric Lemot. La légende veut que Lemot se soit suicidé en se rendant compte qu'il avait oublié de mettre les étriers au roi sur sa statue. La réalité est un peu différente : Lemot mourut la conscience tranquille des années plus tard, ayant sciemment représenté Louis XIV en César, à la romaine, et donc sans selle ni étriers. En 1871, on projeta de détruire à nouveau la statue mais, finalement, on abandonna l'idée, en y laissant une inscription désignant le sculpteur sans mention de l'identité du cavalier. La statue devint alors, et est encore aujourd'hui pour les Lyonnais, "Le Cheval de bronze". Ironique pour une ville jugée trop royaliste pendant la Révolution ! De nos jours, "sous la queue du cheval" est un point de ralliement classique des Lyonnais qui se donnent rendez-vous sur la place.

Une autre statue, représentant Saint-Exupéry, l'un des illustres Lyonnais, et son Petit Prince a été édifiée à l'angle sud-ouest de la place en 2000.

▶ **Place des Terreaux** (Ⓜ Hôtel-de-Ville). Bâtie sur d'anciens fossés des remparts de la ville, c'est une autre place très importante. Au

LA BONNE CARTE EN MAIN

L'office du tourisme du Grand Lyon (voir coordonnées p. 124) propose aux visiteurs la **Lyon City Card**. Cette carte permet moyennant 18/28/38 € (9/14/19 € pour les 4-18 ans pour l'achat d'une carte adulte) d'accéder pendant 1/2/3 jours à une kyrielle de prestations.

Dans l'ordre : gratuité de la plupart des musées, des visites guidées de l'office du tourisme, de la basilique de Fourvière, de Naviginter (voir p. 34) et de plusieurs spectacles. Gratuité également des transports en commun (avec un système de coupon à la journée). En bonus, des réductions dans trois théâtres, sur les visites à vélo, à Fourvière aventures (voir p. 39) et dans différents magasins.

En plus, les très compétents et très aimables employés de l'office du tourisme vous aideront spontanément à organiser vos journées de façon à profiter au maximum des avantages de cette carte.

centre, difficile de manquer la superbe fontaine de Bartholdi réalisée en 1892. À l'origine destinée à la ville de Bordeaux, la statue initialement nommée *Char de la Garonne* représente une femme menant un quadrige figurant la Garonne et ses quatre affluents se jetant dans l'océan. Devenue trop chère pour Bordeaux après l'Exposition universelle de 1889, elle devint le *Char de la liberté* et c'est finalement Lyon qui l'acheta. Elle fut alors installée devant l'hôtel de ville.

La statue, de 21 tonnes tout de même, a été déplacée au nord de la place lors de son réaménagement par Christian Drevet et Daniel Buren en 1994. L'architecte et l'artiste ont créé un ensemble ultramoderne : la place est recouverte de dalles grises et ornée de 14 colonnes et de 69 minifontaines au niveau du sol (le nombre 69 évoquant… le numéro du département) illuminées la nuit. Toutefois, lorsque les jets d'eau ne fonctionnent pas (ce qui arrive !), le lieu perd une grande partie de son charme.

Le côté est de la place est bordé par l'hôtel de ville (voir ci-dessous), et le sud par le palais Saint-Pierre qui abrite le jardin du palais Saint-Pierre (p. 27) et le musée des Beaux-Arts (p. 30). Au nord de la place sont alignés bars et restaurants très touristiques.

Hôtel de Ville (☎ 04 72 10 30 30 ; place de la Comédie, 1er ; Ⓜ Hôtel-de-Ville). Sur le côté est de la place des Terreaux se trouve le grandiose hôtel de ville, classé monument historique. Sa construction date de 1646 mais le bâtiment actuel est le fruit d'une succession de rénovations et d'ajouts de différents styles.

L'édifice d'origine, conçu par Simon Maupin, est de style Louis XIII, basé sur un plan rectangulaire, avec cour et jardins intérieurs. La première rénovation fait suite à un incendie qui, 33 ans après sa construction, le détruisit en partie. La façade fut restaurée au XIXe siècle pour acquérir son apparence actuelle. Elle fut enrichie de deux pavillons d'angles. La statue d'Henri IV, au centre, fut érigée en 1829 pour remplacer celle de Louis XIV détruite pendant la Révolution. Le beffroi central, qui comporte l'un des plus grands carillons d'Europe avec ses 65 cloches, est surmonté d'un dôme doré.

La cour intérieure est agrémentée d'une fontaine et d'un bassin ainsi que de statues de la fin du XIXe siècle. L'intérieur même du bâtiment est un mélange de décoration du XVIIe siècle – notamment les plafonds peints de certaines salles – et de rénovations effectuées sous le second Empire. Dorures et superbes lambris sculptés ornent les différents salons.

L'édifice accueille le pouvoir municipal depuis le début du XVIIe siècle et a été le théâtre du tribunal révolutionnaire pendant la Révolution. Les visites sont possibles uniquement lors des journées du Patrimoine. Le soir, le bâtiment est illuminé depuis l'intérieur.

▼ **Opéra** (☎ 0826305325 ; place de la Comédie, 1er ; www.opera-lyon.com ; Ⓜ Hôtel-de-Ville). Son dôme hante toutes les vues panoramiques de la ville, et pour cause : c'est un exemple très réussi d'architecture contemporaine qui a su s'adapter à un édifice historique.

Le théâtre d'origine avait été conçu en 1831 par les architectes Chenavard et Pollet dans un style néoclassique, après la destruction d'un premier édifice, œuvre de Soufflot en 1756. L'actuel Opéra, inauguré en 1993, a été conçu par l'architecte Jean Nouvel sur les bases de l'ancien. L'architecte a conservé les murs et le foyer du public.

La superbe façade originelle, à arcades, est ornée des statues de 8 muses. Deux explications, probablement complémentaires, justifient l'absence d'Uranie, la neuvième muse : on évoque le fait que Chenavard n'avait prévu que 8 socles de façon à établir une symétrie sur la façade, mais aussi qu'Uranie étant la muse de l'astronomie et de l'astrologie, elle est la seule à ne pas avoir de lien avec le théâtre.

Au moment des récents travaux, Nouvel voulut agrandir l'espace tout en conservant les murs. Il eut l'idée de creuser et de surélever, en conservant le périmètre initial. Le tout donne 18 niveaux dont 5 en sous-sol et 6 dans le dôme en verre. De l'extérieur, on voit donc la façade d'origine en pierre surmontée d'une verrière demi-cylindrique noire. Le péristyle dallé de granit noir, dont le plafond est orné d'une reproduction des peintures du plafond du foyer, est un des lieux favoris des – très impressionnants – danseurs de hip-hop et de breakdance lyonnais. De nuit, des lumières rouges éclairent le dôme et, avec des lumières jaunes, le bâtiment à arcades.

L'intérieur est un extraordinaire mélange de dominante noire et d'éclairage rouge. L'entrée à la grande salle (1 100 places) est précédée d'un sas dont les murs sont recouverts de soie rouge. La salle elle-même s'étend du niveau -3 au +8, et est suspendue au-dessus du sol grâce à un impressionnant dispositif technique. Les éclairages dorés, contrastant avec la couleur noire qui domine la salle, offrent un cadre saisissant. En revanche, le foyer dallé de marbre noir conserve son ambiance XIXe, avec ses murs clairs ornés de dorures et un immense lustre tombant.

La programmation comprend opéra, concerts et danse. Hors représentations, on peut visiter l'Opéra via l'office du tourisme ou dîner au restaurant Les Muses de l'Opéra (voir p. 87). Par ailleurs, Le Péristyle, café situé dans l'Opéra, accueille chaque soir des concerts de jazz (consommation obligatoire). Fermé lors de notre visite, sa réouverture est prévue pour juin 2007.

Théâtre des Célestins (☎ 04 72 77 40 40 ; 4 rue Charles-Dullin, 2ᵉ ; www.celestins-lyon.org ; visites avec l'office du tourisme 9/5 €, gratuit avec la Lyon City Card ; Ⓜ Bellecour). Un théâtre à l'italienne grandiose, à la salle rouge et or. Le bâtiment d'origine, couvent du début du XVᵉ siècle, fut entièrement détruit par un incendie en 1871. Reconstruit par l'architecte Gaspard André (qui s'occupa aussi de la fontaine

---

DES MURS PEINTS FRESQUE PARTOUT

Encore une curiosité lyonnaise que ces peintures murales que l'on retrouve aux quatre coins de la ville. L'idée a germé au début des années 1980 et a prls forme notamment grâce aux artistes de la Cité de la création. Parmi les fresques les plus célèbres :

La **Fresque des Lyonnais** (angle rue de la Martinière et quai Saint-Vincent, 1ᵉʳ ; Ⓜ Hôtel-de-Ville) : 30 Lyonnais célèbres (par ordre chronologique de haut en bas) aux fenêtres d'un immeuble en trompe-l'œil. On y voit, entre autres, sainte Blandine, les frères Lumière, Saint-Exupéry et Bernard Pivot.

Le **Mur des canuts** (bd des Canuts, 4ᵉ ; Ⓜ Hénon) : peint en 1987 en hommage aux ouvriers de la soierie, il fut rénové et recoloré dix ans plus tard (la petite fille sur les marches avait 6 ans en 1987 et a été repeinte à l'âge de 16 ans !). Représentation de la vie croix-roussienne, il en fait aujourd'hui partie intégrante.

Le **Mur du cinéma** (angle cours Gambetta et Grande-Rue-de-la-Guillotière, 7ᵉ ; Ⓜ Guillotière) : l'histoire du cinéma et des tournages à Lyon.

La **Bibliothèque de la cité** (angle quai de la Pêcherie et rue de la Platière, 1ᵉʳ ; Ⓜ Hôtel-de-Ville) : 500 références aux écrivains de Lyon, de Louise Labé à Frédéric Dard.

La **Fresque de Gerland** (18 rue Pierre-de-Coubertin, 7ᵉ ; Ⓜ Gerland) : tribut au quartier et souvenirs de la Coupe du monde de football.

Le **Musée urbain Tony-Garnier** (voir p. 65).

des Jacobins, voir p. 28), il fut achevé en 1877. En 1880, un deuxième incendie causa de gros dommages. Gaspard André entreprit de recommencer son travail. Le théâtre actuel fut terminé en 1881.

Sa façade comporte au centre 3 arcades surmontées de 3 hautes fenêtres séparées par des colonnes de marbre. À leurs côtés, deux statues de 1883 symbolisent la Comédie et la Tragédie. À l'intérieur, on peut admirer des peintures du XIXe siècle dans une salle rouge et or.

L'histoire mouvementée du théâtre ne l'empêcha pas de présenter, dès 1792, des pièces de qualité – drames et vaudevilles uniquement. Au XIXe, des pièces de Victor Hugo et d'Alexandre Dumas y sont montées. Après un déclin et une baisse significative de sa fréquentation, le début du XXe siècle voit la renaissance du théâtre : des œuvres très célèbres y sont créées avant même d'apparaître sur la scène parisienne. Au nombre d'entre elles : *Knock* de Jules Romain ou encore *Siegfried* de Jean Giraudoux. Les Célestins sont alors considérés comme le premier théâtre de province pour ses créations audacieuses. Aujourd'hui, il reste un lieu majeur de la scène théâtrale lyonnaise, à la fois en termes de représentations et de créations.

Jardin du palais Saint-Pierre (☎ 04 72 10 17 40 ; 20 place des Terreaux, 1er ; Ⓨ mer-lun 10h-18h ; entrée libre ; Ⓜ Hôtel-de-Ville). Calme et verdure juste au sud de la place des Terreaux. Le palais Saint-Pierre, ancien cloître d'un couvent datant du VIIe rénové au XVIIe siècle, abrite aujourd'hui le musée des Beaux-Arts (p. 30). Dans sa cour intérieure rectangulaire, un jardin en libre accès a été aménagé et constitue un lieu étonnant de sérénité.

Le jardin comporte un bassin central avec une fontaine et de superbes sculptures – au nombre desquelles *Adam* et *L'Âge d'airain* de Rodin, mais aussi des œuvres de Bourdelle et de Carpeaux. Même si vous ne comptez pas visiter le musée (ce en quoi vous auriez tort !), n'hésitez pas à vous accorder une pause dans ce jardin, où l'on se sent protégé de l'agitation de la ville.

Place et fontaine des Jacobins (Ⓜ Bellecour). Contrairement à ce que son nom pourrait laisser croire, l'histoire de la place n'a rien à voir avec la Révolution française. Autour de la place s'élevaient à l'origine un couvent dominicain (les Dominicains étaient aussi appelés Jacobins) avec son cimetière, ainsi qu'une église. Le tout fut détruit lors de la Révolution.

Aujourd'hui, la magnifique **fontaine** centrale confère tout son intérêt à la place. Construite en 1877 par Gaspard André et Charles Delapanche, elle est ornée de statues de sirènes replètes. Le dôme sur colonnes qui les surplombe abrite les statues de quatre artistes lyonnais : Philippe Delorme (architecte), Gérard Audran (sculpteur), Guillaume Coustou (sculpteur) et Hippolyte Flandrin (peintre). En allant admirer la fontaine, prenez garde aux voitures, la circulation autour de cette place est un brin difficile pour les piétons.

Basilique Saint-Martin d'Ainay (rue Vaubecour, 2ᵉ ; Ⓜ Ampère). Cette église romane, style rarissime à Lyon, figurait sur la toute première liste, établie par Mérimée en 1840, des édifices à classer monuments historiques en France.

Ancien monastère bénédictin consacré par le pape Pascal II en 1107, c'était à l'origine une très grande construction, avec jardins. Les rois de France, d'Henri IV à Louis XIV, y séjournèrent pratiquement tous, mais la Révolution lui coûta une grande partie de ses bâtiments et de son importance au niveau national. Des ajouts néoromans au XIXᵉ siècle et son classement lui redonnèrent cependant de sa superbe.

La basilique est un bâtiment imposant. Sa façade est composée de quatre niveaux avec, au centre, un clocher-porche du XIᵉ siècle orné de petites pyramides et encadré par des portes latérales du XIXᵉ. Au premier, trois arcs brisés surmontés d'arcatures aveugles. Les deux niveaux suivants ne s'élèvent qu'au-dessus de l'arc central. Entre les deux, on remarque une frise d'animaux au-dessus de la croix en brique.

L'église est soutenue par des colonnes romaines récupérées sur le site archéologique de Fourvière. En entrant, la chapelle de la Vierge, à droite, et celle de saint Joseph, à gauche, datent toutes deux du XIXᵉ. En revanche, la chapelle Sainte-Blandine, au fond à droite, et la chapelle Saint-Michel, au fond à gauche, datent respectivement des XIᵉ et XVᵉ siècles. À ne pas manquer, les chapiteaux de part et d'autre de l'autel du chœur, l'un sur la droite représentant Adam et Ève, et l'autre sur la gauche Caïn et Abel. Intéressant également, les bas-reliefs juste à l'entrée du chœur et les peintures murales de l'abside réalisées en 1855 par Flandrin, l'un des peintres lyonnais les plus célèbres.

Le quartier résidentiel d'Ainay, aux abords de la basilique, est traditionnellement habité par la haute bourgeoisie lyonnaise.

Clocher de la Charité (place Antonin-Poncet, 2ᵉ ; Ⓜ Bellecour). Les Lyonnais savent se faire entendre quand il s'agit de préserver leur patrimoine. Pour preuve, ce clocher sans église, toujours debout au sud-est de la place Bellecour grâce aux habitants de la ville qui se sont opposés à sa destruction.

Élevé en 1665, il complétait à l'origine la chapelle de l'hôpital de la Charité, vaste ensemble construit en 1617 qui accueillait indigents et orphelins. Il fut décidé en 1930 de transférer l'hôpital à Grange-Blanche, plus au sud-est, de l'autre côté du Rhône et donc de détruire les bâtiments existants. C'est une pétition et une vaste mobilisation de la population qui permet aujourd'hui au clocher de continuer à dominer la place Antonin-Poncet.

Église Saint-Nizier (place Saint-Nizier, 2ᵉ ; ⏱ lun 14h-18h, mar-dim 9h-18h ; Ⓜ Cordeliers). L'église actuelle, construite sur le site d'autres églises successivement détruites depuis l'époque romaine, fut édifiée entre le XVᵉ et le XVIᵉ siècle dans le style gothique flamboyant. Elle est dédiée à saint Nizier, 28ᵉ évêque de Lyon, à qui l'on attribue de nombreux miracles. Le bâtiment est facilement reconnaissable grâce à ses deux clochers aux flèches asymétriques. Celui en brique rose, de style gothique, fut élevé en 1454 alors que le clocher sud fut construit quatre siècles plus tard. Parmi les ajouts tardifs, le superbe portail Renaissance présente une demi-voûte à caissons.

29

VÉLOVE IN THE CITY

Pour bouger librement, rien de tel qu'une bonne vieille bicyclette. À Lyon, vous remarquerez très vite que tout le monde roule sur le même modèle : le **vélo'v** (prononcer "vé-love"). Ces vélos rouges sont accessibles en libre-service à des bornes qui ont été disposées un peu partout dans la ville, et, surtout, leur utilisation est presque gratuite. Une carte courte durée coûte 1 € et permet d'utiliser un vélo durant 30 minutes. L'heure suivante est facturée 1 €, puis 2 € l'heure supplémentaire.

C'est l'entreprise Decaux qui a signé un contrat avec la ville pour l'équiper de bornes et de vélos, en échange du marché du mobilier urbain. La ville a de son côté créé ou agrandi de nombreuses pistes cyclables qui sécurisent les trajets à vélo. Et, bien que des critiques se fassent entendre sur les termes du marché liant le Grand Lyon à l'afficheur, les Lyonnais ont majoritairement adopté le système. Le mot "vélo'v" est même entré dans le langage courant lyonnais ! Et, pour la plus grande fierté de la ville, on murmure même que San Francisco et Tokyo seraient intéressées…

Pour les détails pratiques de la location, reportez-vous p. 123.

À l'intérieur, le maître-autel a été ajouté au XVIIIᵉ siècle et le mobilier néogothique au siècle suivant. Dans la crypte, les mosaïques de la Vierge et des martyrs, conçues par Gaspard Poncet en 1900, méritent le coup d'œil, de même que la statue baroque de Notre-Dame-des-Grâces exécutée par le sculpteur Antoine Coysevox (1640-1720).

Cette église est de longue date considérée comme un lieu privilégié d'asile et de protection. Elle fut occupée en 1975 par des prostituées réclamant la fin des pressions policières. Plus récemment, en 2002, des sans-papiers s'y sont réfugiés pour demander leur régularisation.

▶ **Musée des Beaux-Arts** (☎ 04 72 10 17 40 ; 20 place des Terreaux, 1ᵉʳ ; ☼ lun, mer, jeu, sam, dim 10h-18h, ven 10h30-18h ; 6/4 €, expositions temporaires 8/6 €, billet groupé collection/exposition 10/7 €, gratuit moins de 18 ans ; (M) Hôtel-de-Ville). Installé depuis 1803 dans le palais Saint-Pierre, ancien couvent qui renferme un somptueux jardin (voir p. 27), il a été récemment rénové et propose aujourd'hui aux visiteurs un parcours à travers 70 salles. Sa collection, constituée à partir de nombreuses donations, fait partie des plus riches d'Europe. Il possède deux sections majeures : une consacrée à l'Antiquité, au sein de laquelle l'Égypte ancienne tient une place essentielle, et une autre conservant des peintures du XIVe au XXe siècle.

Le premier étage est dédié à l'Antiquité, à commencer par l'Égypte des pharaons. Une impressionnante collection de sarcophages et les imposantes portes du temple de Médamoud couvertes de hiéroglyphes, entre lesquelles il faut passer pour poursuivre la visite, font figure de pièces maîtresses. Sont également exposés nombre d'objets et de papyrus qui donnent un aperçu de la vie quotidienne dans l'Égypte ancienne.

Vient ensuite la section consacrée à la Rome et à la Grèce antiques. La collection d'urnes étrusques des 2e et 1er siècles av. J.-C. est exceptionnelle. Par ailleurs, ne manquez pas la pièce consacrée à une *korê*, statue de femme du VIe siècle venant de l'Acropole d'Athènes.

Les amateurs de pièces de monnaie et autres médailles apprécieront l'étonnant Médailler. Il rassemble 40 000 pièces anciennes, dont le "trésor des Célestins", une cassette contenant près de 60 pièces rares, découverte lors de travaux dans le théâtre des Célestins en 2003.

Au second étage, la partie consacrée aux peintures du XIVe au XXe siècle retrace l'histoire de la peinture européenne et offre un intéressant panorama de l'évolution des techniques et des styles. Le musée possède plus de 1 800 œuvres mais, malheureusement, ne peut pas tout exposer. Dans le grand nombre d'écoles majeures représentées, la peinture italienne tient une place de choix, avec notamment *L'Ascension du Christ*, retable du Pérugin (XVIe), mais aussi des œuvres de Véronèse et de Guido, entre autres. Rubens et Rembrandt sont les grands noms des sections flamande et hollandaise. Pilier de la collection : les toiles de l'école française, avec notamment *La Monomane de l'envie* de Géricault – auquel le musée a consacré une grande exposition en 2006 –, une *Tamise* de Monet ou encore le *Nu aux bras rouges* de Picasso. On peut aussi admirer des tableaux de Delacroix, Manet, Degas, Braque, Renoir et Gauguin, pour ne citer que quelques peintres. De nombreux artistes lyonnais sont également mis à l'honneur : Flandrin, Stella ou encore Chenavard, dont la peinture monumentale *Le Bois sacré* se trouve dans l'escalier.

Par ailleurs, une vaste collection d'objets d'art, regroupant sculptures et art décoratif du Moyen Âge et de la Renaissance est répartie dans 17 salles. On découvre ivoires, faïences, orfèvrerie, grès – notamment une jolie collection de grès japonais destinés à la cérémonie du thé – ainsi que des pièces Art nouveau et Art déco. La chambre d'Hector Guimard, léguée par sa veuve, est particulièrement intéressante.

Au premier étage, un café-restaurant, **Les Terrasses Saint-Pierre** (☎ 04 78 30 97 11 ; 🕒 mer-lun 10h-17h30), en accès libre, offre une belle vue sur le jardin (voir p. 27).

Musée des Tissus et des Arts décoratifs (☎ 04 78 38 42 00 ; 34 rue de la Charité, 2ᵉ ; www.musee-des-tissus.com ; 🕒 mar-dim musée des Tissus 10h-17h30, musée des Arts décoratifs 10h-12h et 14h-17h30 ; 5/3,50 € pour les deux musées, gratuit avec la Lyon City Card ; Ⓜ Ampère). Deux musées en un. Le musée des Tissus, installé dans l'hôtel de Villeroy du XVIIIᵉ siècle, est logiquement très largement consacré à l'histoire des tissus et à l'art de la soierie à Lyon, qui fut un grand centre européen du textile. La première salle est consacrée aux diverses techniques de tissage et de fabrication, à l'aide de panneaux très denses et du coup un peu indigestes malgré la qualité des explications. Les salles suivantes explorent le tissu à travers les époques et les pays. L'Orient et l'Occident y sont représentés avec des tapisseries, des tissus et des tissages. On évolue ainsi dans les collections coptes des premiers temps du christianisme, suivies d'un parcours en Perse-Iran et en Turquie ottomane. Une nouvelle section est consacrée à l'Inde du XVIIIᵉ siècle. Différents métiers sont également exposés. La section des costumes, présentés sur des mannequins, comprend une vaste partie dédiée aux vêtements liturgiques, mais aussi des costumes civils de la Renaissance à nos jours. Parmi les grands noms actuels, on remarquera parmi d'autres C. Lacroix et T. Lapidus. Une salle des tapis vient compléter la visite, avec notamment de très belles pièces persanes. Outre la collection permanente, le musée propose régulièrement des expositions temporaires de très bonne qualité. Il abrite également un atelier de restauration de tissus.

Le musée des Arts décoratifs, situé dans le très bel hôtel de Lacroix-Laval (1739), abrite une collection impressionnante qui complète agréablement celle du musée des Tissus. Le musée permet de voyager à travers les époques et les styles, des tapisseries du Moyen Âge aux créations contemporaines. La collection comprend meubles, peintures, soieries, tapisseries et divers objets décoratifs. On remarquera les œuvres des soyeux lyonnais Tassinari-Chatel, Prelle et Quenin Lelièvre. À noter également : la collection de pendules – avec une pendule-cage Louis XVI – ainsi que celle d'objets en marqueterie de paille des XVIIᵉ, XVIIIᵉ et début du XIXᵉ siècles, unique en France. Des pièces – chambres et salons – ont été entièrement reconstituées, mettant les tissus et le mobilier en situation. L'une des plus impressionnantes concernant Lyon : la tapisserie en papier rabouté imprimé en couleur qui présente une vue de la ville de 1826 depuis la rive gauche, et qui recouvre les 4 murs d'une salle du 1ᵉʳ étage.

Musée des Hospices civils (☎ 04 72 41 30 42 ; 1 place de l'Hôpital/61 quai Jules-Courmont, 2ᵉ ; ☯ lun 13h-17h30, mar-ven 10h-12h et 13h-17h30, oct-juin 1ᵉʳ et 3ᵉ dim du mois 13h30-17h30 ; 3,40/1,70 €, gratuit avec la Lyon City Card ; Ⓜ Bellecour). Un petit musée peu spécialisé mais non dénué d'intérêt. Trouver le musée n'est pas évident : il se trouve à l'intérieur même de l'Hôtel-Dieu (où, pour la petite histoire, Rabelais a exercé comme médecin). Du quai Jules-Courmont, entrez dans l'hôpital et prenez tout de suite à droite. Continuez tout droit une minute

Ô MON BATEAU !

Naviginter (☎ 04 78 42 96 81 ; 13 bis quai Rambaud, 2ᵉ ; www.naviginter. fr ; promenades commentées adultes/moins de 10 ans 8/5 €, gratuit avec la Lyon City Card, déj ou dîner-croisière 39/24 €, journée-croisière 44/24 €). Propose des balades d'environ une heure vers l'île Barbe ou le confluent (là où se rencontrent le Rhône et la Saône). Les commentaires sont plutôt succincts et littéralement inaudibles depuis les sièges du pont supérieur. Ne vous attendez pas à apprendre beaucoup sur la ville et son histoire. Dommage, car les promenades sont plutôt agréables, surtout par beau temps.

environ, puis suivez les panneaux indiquant le musée : d'abord à gauche, puis montez l'escalier à droite jusqu'au 1ᵉʳ étage.

Le musée, qui possède plus de 10 000 pièces dont beaucoup ne sont pas exposées, est divisé en deux parties. L'une, plus artistique, comporte des objets précieux, des tableaux, d'impressionnants meubles et faïences pharmaceutiques, et des pièces d'orfèvrerie. On y apprend l'histoire de l'hôpital de la Charité (aujourd'hui disparu) et les destins individuels de plusieurs orphelins au XVIIᵉ siècle, à travers textes, photos et objets.

La deuxième partie est consacrée à l'histoire des techniques médicales et chirurgicales. En face du monumental meuble pharmaceutique qui occupe un pan de mur entier, on découvre l'évolution de la médecine grâce à une exposition d'instruments médicaux et chirurgicaux et à des explications très claires. On y "admire" poires à lavement, couteaux à saignée et autres "outils à dents". Et on ressort très, très heureux de vivre au XXIᵉ siècle…

Musée de l'Imprimerie (☎ 04 78 37 65 98 ; 13 rue de la Poulaillerie, 2ᵉ ; www.imprimerie.lyon.fr ; ⏰ mer-dim 9h30-12h et 14h-18h ; 3,80/2 €, gratuit avec la Lyon City Card ; Ⓜ Cordeliers). Un petit musée – situé dans un très beau bâtiment de la fin du XVᵉ siècle – très riche d'enseignements sur l'histoire de Lyon. C'est là que fut imprimé en 1476 le premier ouvrage en français, *La Légende dorée* de Jacques de Voragine. Aux XVᵉ et XVIᵉ siècles, Lyon fut un centre important au niveau européen pour le livre.

Des panneaux explicatifs très complets éclairent les documents et les ouvrages exposés. On peut y admirer des incunables, des gravures sur cuivre, des illustrations et des lithographies, et découvrir ou redécouvrir de grands imprimeurs tels que Sébastien Gryphe, Jean de Tournes et Étienne Dolet. On apprend aussi sur tous les métiers de l'imprimerie – graveurs, illustrateurs, tailleurs d'images – et sur l'évolution de la lettre et des techniques d'imprimerie au fil des siècles. On peut ainsi voir le premier livre en Europe à avoir été réalisé en 1957 à partir de la photocomposeuse Lumitype-Photon.

Un atelier d'imprimerie toujours en activité est installé dans le musée. Ce dernier est actuellement en rénovation, mais la collection est toujours accessible pendant les travaux.

FOURVIÈRE

La majeure partie de la colline de Fourvière est inscrite au patrimoine mondial de l'Unesco et c'est l'un des quartiers qui attirent le plus les touristes.

Elle fut le premier endroit habité de Lyon, avant l'arrivée des Romains. Ceux-là implantèrent leurs légions sur la colline en 48 av. J.-C. et y fondèrent Lugdunum cinq ans plus tard. Ils y élevèrent le théâtre, l'odéon, mais aussi un temple et des termes. La construction de quatre aqueducs permit d'approvisionner le site en eau. Fourvière fut le théâtre d'invasions germaniques au IVᵉ siècle : les barbares détruisirent les aqueducs, obligeant la population à se déplacer vers le pied de la colline. Fourvière devint par la suite progressivement un pôle religieux.

Son surnom de "colline qui prie" lui est donné à partir du XVIᵉ siècle, mais on raconte que, dès 150, saint Pothin y aurait installé une icône de la Vierge. La première chapelle est édifiée

ITINÉRAIRE SUR LA COLLINE DE FOURVIÈRE

Une découverte "verte" de la colline de Fourvière à travers le **parc des Hauteurs** (colline de Fourvière, 5ᵉ ; ☼ tlj 9h-tombée de la nuit ; entrée libre ; funiculaire Fourvière depuis Ⓜ Vieux-Lyon), l'un des grands projets de parcs urbains de la ville. L'idée était d'aménager des promenades (à pied uniquement, mais le dénivelé n'encourage pas à prendre son vélo) à travers les espaces verts de la colline, et c'est plutôt réussi !

Observez le panorama depuis l'esplanade avant de visiter la **basilique** (p. 37). Empruntez le chemin qui part à droite de la sortie du funiculaire. La **passerelle du parc des Hauteurs** (ou passerelle des Quatre-Vents) se trouvera à droite. Construite en 1993, elle remplace le pont du funiculaire dit "des corbillards", autrefois utilisé pour transporter les corps au cimetière de Loyasse. Traversez le parc vers la place du 158ᵉ-Régiment-d'Infanterie.

Si vous avez un peu de temps, arrêtez-vous à **Fourvière aventures** (voir p. 39). Derrière cette improbable forêt se trouve le **cimetière de Loyasse** (☎ 04 78 25 28 51 ; 43 rue du Cardinal-Gerlier, 5ᵉ ; ☼ nov-avr lun-sam 8h-17h, dim 13h30-17h30, mai-sept lun-sam 7h-17h, dim 13h30-17h30). Les premières tombes de ce Père-Lachaise local (mais sans équivalent de Jim Morrison) datent du début du XIXᵉ siècle. Une rapide visite permet de voir les tombes de Lyonnais célèbres : Édouard Herriot, Tony Garnier ou la famille Guimet.

Remonter par la rue Radisson puis redescendez vers Saint-Jean par les **jardins du Rosaire**. Roses, hortensias et pommiers vous offrent un havre de paix au cœur de la ville. Prenez la montée Saint-Barthélemy qui, via la rue de l'Antiquaille, mène au **site archéologique** (voir p. 39). Un crochet par la rue des Farges vous conduira à la place Abbé-Larue et au méconnu **jardin des Curiosités** où les plantes côtoient de superbes chaises-sculptures. On y a (encore !) une vue exceptionnelle sur la ville. Reprenez la rue des Farges vers la place des Minimes, puis la montée du Gourguillon, qui date du Moyen Âge, d'où l'on peut rallier Saint-Georges puis Saint-Jean et sa **Primatiale** (p. 44).

en 1168 et draine avec elle nombre de congrégations religieuses. Elle est détruite par les protestants en 1562, reconstruite et finalement remplacée au XIXᵉ siècle par l'actuelle basilique.

Outre la basilique et les vestiges gallo-romains, Fourvière recèle bien d'autres trésors, que l'on peut explorer notamment grâce à l'aménagement récent du parc des Hauteurs (voir l'itinéraire ci-contre).

▶ **Basilique de Fourvière** (esplanade de Fourvière, 5ᵉ ; visites commentées avr-oct lun-sam 10h-12h et 14h-17h, dim 14h-16h30, 1 € ; funiculaire Fourvière depuis Ⓜ Vieux-Lyon). Monument emblématique de Lyon, la basilique de Fourvière, accrochée sur la colline, est visible depuis pratiquement toute la ville. En arrivant sur l'esplanade, on découvre une **vue panoramique** époustouflante sur la Cité des gones. Un panneau permet de repérer les principaux monuments et les lieux importants de la ville. Par temps clair, on peut même voir le mont Blanc à l'horizon. Par temps couvert, on se contentera de repérer le dôme de l'Opéra et le "Crayon" de la Part-Dieu. Sur l'esplanade, on peut prendre un verre, se restaurer et acheter quelques souvenirs. Petits budgets et/ou allergiques aux tarifs prohibitifs s'abstenir…

La basilique elle-même n'est pas moins impressionnante que le panorama, avec ses 86 mètres de long et 35 de large. Une première chapelle fut élevée après un vœu fait en 1643 pour éloigner la peste de la ville. Elle fut remplacée par l'église actuelle, construite entre 1872 et 1896 à la suite d'un serment fait par des Lyonnais d'élever une église majestueuse à la Vierge en lieu et place de la chapelle qui s'y trouvait jusqu'alors si elle repoussait l'invasion prussienne. Les fonds dépensés pour sa réalisation soulevèrent une controverse importante, de même que son apparence finale (encore aujourd'hui, pour de nombreux Lyonnais, elle ressemble à un éléphant à l'envers, à vous de juger).

L'extérieur de la basilique, construite sur des plans de Pierre Bossan, est néobyzantin. Les deux tours octogonales qui encadrent le porche à colonnes sculptées incarnent la Justice (à droite) et la Force (à gauche). Au-dessus des portes en bronze, on remarque une galerie d'anges-cariatides, surmontée par un fronton triangulaire orné de sculptures de Marie et de l'enfant Jésus. Le fronton est encadré de sculptures qui évoquent à droite le vœu de 1643 et à gauche celui de 1870. L'abside, entourée de deux tours comme le porche, se dresse face à la ville.

L'intérieur est quelque peu chargé : le faste des dorures, des couleurs et des sculptures est frappant. Les vitraux méritent qu'on s'y attarde, de même que les mosaïques des murs latéraux, élaborées dans la première moitié du XXe siècle, qui relatent des épisodes historiques et religieux. L'église est composée de trois nefs et trois travées, soutenues par d'imposantes colonnes monolithiques. L'autel du chœur est orné de mosaïques vénitiennes. Une crypte, accessible depuis l'intérieur ou l'extérieur (en contournant l'église sur la droite du parvis, par la porte des Lions), est dédiée à saint Joseph. Elle contraste grandement avec le reste de la basilique par sa sobriété et l'absence de lumière. On peut aussi visiter l'ancienne chapelle, avec son autel rococo, depuis l'intérieur de l'église.

La **tour de l'Observatoire** (☉ avr-mai mer et dim 14h30 et 16h, juin-sept tlj 14h30 et 16h ; 2/1 €) est accessible aux visiteurs. À tenter également, les **visites insolites** des toits de la basilique (☉ avr-mai mer et dim 14h30 et 16h, juin-sept tlj 14h30 et 16h, oct mer et dim 14h30 et 16h, nov mer et dim 14h30 et 15h30 ; 5/3 €, gratuit avec la Lyon City Card).

Les **jardins du Rosaire**, situés sous la basilique, remplissent parfaitement la fonction initiale que leur avait attribuée Pierre Bossan, à savoir isoler le site de l'agitation de la ville. Ils permettent de relier la basilique au Vieux Lyon à travers un décor composé de roses et d'hortensias (voir p. 36).

À gauche lorsque l'on est face au porche de l'église, vous ne pourrez pas manquer la **Tour métallique**, achevée en 1894. Si vous avez l'impression de voir une mini-tour Eiffel, c'est normal : haute de 85,90 m, elle est la reproduction du 3e étage de la tour parisienne et, comme celle-là, elle sert de relais de télévision.

▶ **Site archéologique de Fourvière** (⌚ 15 avr-15 sept 7h-21h, 16 sept-14 avr 7h-19h ; entrée libre ; funiculaire Minimes depuis Ⓜ Vieux-Lyon). Ce site imposant est un des plus riches du patrimoine romain français. Il a été mis au jour en 1933, lors des fouilles qui devaient permettre de localiser l'amphithéâtre où les premiers chrétiens, dont sainte Blandine, furent jetés aux lions (et qui fut en fait localisé en bas des pentes de la Croix-Rousse, voir p. 53). C'est finalement un théâtre, un odéon et quelques autres édifices de moindre importance qui furent découverts.

Tourné vers l'est, le grand théâtre date de 15 av. J.-C. – c'est-à-dire peu de temps après la fondation de Lugdunum, en 43 av. J.-C. – et pouvait accueillir jusqu'à 11 000 spectateurs. Il s'élève en demi-cercle sur le flanc de la colline et son diamètre est de 108 mètres en haut des gradins. Il était le cadre de représentations moins élitistes que l'odéon.

À côté, l'odéon, probablement construit aux environs de l'an 100 de notre ère, pouvait contenir 3 000 personnes et était dédié à des représentations poétiques et musicales. Son pavement géométrique des plus remarquables (fait à l'origine avec du porphyre vert, du porphyre rouge, du granite, du marbre

---

MOI JANE, TOI TARZAN

Fourvière aventures (☎ 0820 10 00 10 ; 3 place du 158ᵉ-Régiment-d'Infanterie, piste de la Sarra, 5ᵉ ; www.fourviere-aventures.com ; ⌚ ouvert du 1ᵉʳ avr au 12 nov, avr-mai sam-dim 13h-19h, juin mer 13h-19h, sam-dim 10h-20h, juil-août tlj 10h-20h, sept-dim 10h-19h, oct sam-dim 13h-18h30, vacances Toussaint tlj 13h-18h, nov sam-dim 13h-18h ; enfants moins de 12 ans 8-12 €, adultes 12-22 € ; funiculaire Fourvière depuis Ⓜ Vieux Lyon). Un parc d'aventures en plein Lyon. Au menu : divers parcours d'accrobranche, à effectuer seul ou en famille (accessible aux enfants à partir de 4 ans). Dans votre périple d'arbre en arbre en tyrolienne, sur des passerelles et dans des tunnels, vous vous sentirez vraiment loin du murmure de la ville.

---

jaune, violet et rouge, entre autres) montre à quel point le lieu était prestigieux.

On pense que le site fut abandonné aux alentours du IIIe siècle. Beaucoup de pierres et la majorité des colonnes furent progressivement déplacées et utilisées dans la construction de nouveaux bâtiments, comme la basilique Saint-Martin d'Ainay (p. 28).

Le site archéologique actuel est empreint d'une grande sérénité et il est très agréable de s'y promener et d'y faire une petite pause à l'écart de l'agitation de la ville. En été, les Nuits de Fourvière redonnent vie au théâtre antique (voir p. 18).

Musée d'Art sacré de Fourvière (☎ 04 78 25 13 01 ; 8 place de Fourvière, 5e ; www.lyon-fourviere.com ; ☽ tlj 10h-12h30 et 14h-17h30 ; 5/3 €, gratuit moins de 12 ans et avec la Lyon City Card ; funiculaire Fourvière depuis Ⓜ Vieux-Lyon). Un petit musée réservé aux amateurs du genre. Situé dans un ancien bâtiment jésuite à droite de la basilique, il présente des expositions temporaires principalement axées sur l'art liturgique du XIXe siècle et dont les pièces (ex-voto, vêtements, orfèvrerie, etc.) sont issues de ses collections.

Musée gallo-romain (☎ 04 72 38 77 42 ; 17 rue Cléberg, 5e ; www.musees-gallo-romains.com ; ☽ mar-dim 10h-18h ; 3,80/2,30 €, gratuit le jeudi et tlj moins de 18 ans et avec la Lyon City Card ; funiculaire Minimes depuis Ⓜ Vieux-Lyon). Pratiquement invisible de l'extérieur, ce musée en béton accroché à la colline s'intègre étonnamment bien au paysage. L'entrée se trouve à droite au-dessus du théâtre romain. La structure du musée est un peu particulière : l'entrée, au rez-de-chaussée, est l'étage le plus haut. Les 4 étages qui composent le reste du musée sont en effet sous vos pieds quand vous pénétrez à l'intérieur. Claustrophobes, n'ayez crainte, les étages inférieurs possèdent quelques fenêtres sur la façade qui se trouve côté théâtre.

Le musée possède une très riche collection de pièces archéologiques et retrace l'histoire de la ville de la préhistoire au VIIe siècle. Après un rapide panorama consacré à la préhistoire, on passe à la fondation de Lugdunum (avec une fascinante maquette de la ville) avant d'entrer dans le vif du sujet et de découvrir la vie à Lyon et l'organisation de son administration, de l'armée, la place de la religion, la vie économique, la place de la ville dans l'Empire romain, la vie domestique et, enfin, l'arrivée du christianisme. Le tout à travers céramiques, mosaïques, statues, monnaies et autres pièces uniques recueillies lors de fouilles dans la région. L'une des plus belles pièces, découverte sur les pentes de la Croix-Rousse au XVIe siècle, est la table claudienne sur laquelle est gravée un discours de l'empereur Claude datant de 48. Les panneaux explicatifs sont parfois un peu longs mais c'est le prix à payer pour avoir une information précise et détaillée !

▌LE VIEUX LYON

Le Vieux Lyon s'étend sur 25 hectares le long de la rive droite de la Saône et englobe, du sud au nord, les quartiers de Saint-Georges, de Saint-Jean et de Saint-Paul. À l'extrémité sud se trouvaient autrefois les remparts qui marquaient les limites de la ville. C'est l'un des rares quartiers Renaissance en Europe aussi bien réhabilité et, du coup, c'est aussi l'un des plus fréquenté par les touristes. Conséquence : boutiques et bouchons se bousculent le long des pavés de la rue Saint-Jean. Malgré tout, le Vieux Lyon reste un incontournable et la découverte de ses secrets un vrai moment de plaisir.

Le Vieux Lyon accueillit très tôt la population descendue des pentes de Fourvière après la destruction des aqueducs. Dès le Moyen Âge, l'autorité de l'évêque, concentrant tous les pouvoirs, en fit le cœur de la ville. Mais au XIIIe siècle, les bourgeois commencèrent à contester cette autorité qui ne leur permettait pas de commercer avec les villes voisines. Finalement, en 1307, Lyon intégra le royaume de France. La Renaissance fut une période de prospérité et Lyon devint un grand centre commercial et économique. Deux foires annuelles gratuites, d'importance européenne, avaient lieu dans le quartier Saint-Jean et nombreux furent les banquiers et commerçants italiens qui s'y installèrent.

ITINÉRAIRE DANS LE VIEUX LYON

C'est dans les vieilles rues que l'on vit les meilleures aventures ! Cet itinéraire permet de découvrir les trois quartiers du Vieux Lyon, ses monuments et ses rues secrètes.

Ouvrez la marche côté **Saint-Georges**, avec son **église** (p. 43). Engagez-vous dans la rue Saint-Georges, qui présente de belles façades, avant de rejoindre la rue du Doyenné via la rue Mourguet. On arrive place Saint-Jean, où se trouvent la **Primatiale** et la **manécanterie** (p. 44). Essayez d'y être quand l'**horloge astronomique** se met en marche (à 12h, 14h, 15h et 16h). Frayez-vous ensuite un chemin parmi les touristes de la rue Saint-Jean. Au n°54, la **plus longue traboule** vous emmènera à travers quatre immeubles au 27 **rue du Bœuf**. De là, vous pourrez voir la **Tour rose**, qui a donné son nom au célèbre hôtel qui, lors de notre passage, devait être transformé.

Prenez la première rue à droite, encombrée de bouchons (lyonnais, s'entend !), pour redescendre rue Saint-Jean et continuez dans la rue du Palais-de-Justice avant de tourner à gauche dans la **rue des Trois-Maries** dont les façades datent des XVe et XVIe siècles. Au n°9, une traboule conduit quai Romain-Rolland. L'imposant **palais de justice** (p. 45) est alors sur votre gauche. Une traboule, au n°27 de la rue des Trois-Maries, permet de remonter rue Saint-Jean. Depuis cette dernière ou depuis la rue des Trois-Maries, rendez-vous place du Petit-Collège, tournez à gauche puis à droite **rue Gadagne**, où se trouvent les célèbres hôtels particuliers et musée éponymes (p. 48).

Au bout de la rue Gadagne, tournez à gauche puis à droite dans la **rue Juiverie**, qui porte les traces du Lyon médiéval. Une autre option consiste à prendre à droite puis à gauche **rue Lainerie**, où vous verrez un étonnant escalier au n°10. Juste derrière se trouve la **place du Change**, avec sa **Loge** (p. 47). Depuis le bas, on peut voir le gigantesque **mur peint de la cour des Loges**, qui indique l'hôtel de luxe du même nom (p. 74). Les rues Juiverie et Lainerie mènent à la place Saint-Paul où se trouvent la **gare Saint-Paul** et, en continuant rue Saint-Paul, l'**église** du même nom (p. 47).

Saint-Georges devint le fief des canuts. C'est à cette époque que furent édifiés la plupart des hôtels particuliers.

À la toute fin du XVIe siècle, les foires perdirent le statut leur octroyant la gratuité et furent progressivement désertées. Le quartier subit petit à petit un sort identique : il fut même abandonné par les canuts, qui se déplacèrent à la Croix-Rousse dans des appartements hauts de plafond, indispensables à l'utilisation du métier Jacquard apparu en 1800. Le XIXe et la première moitié du XXe siècle virent donc le Vieux Lyon se délabrer pour devenir insalubre.

Dans les années 1960, Louis Pradel, maire de la ville connu pour sa passion du béton, tenta de faire raser cette partie de la ville. Le projet suscita une levée de boucliers des Lyonnais et de l'association Renaissance du Vieux Lyon (RVL ; http://lyon.rvl. free.fr), attachés à leur histoire et aux bâtiments du Vieux Lyon. Différentes manifestations arrivèrent jusqu'aux oreilles de Malraux, alors ministre des Affaires culturelles, qui fit stopper la destruction du quartier et permit de mettre en œuvre sa réhabilitation, aujourd'hui presque achevée. Depuis 1998, le Vieux Lyon est inscrit sur la liste du patrimoine mondial de l'Unesco.

À noter, Renaissance du Vieux Lyon édite un ouvrage intitulé *Lyon, un site, une cité* qui retrace l'histoire du Vieux Lyon à travers textes et photos. Disponible auprès de RVL (50 rue Saint-Jean, 5e) et dans les librairies Decitre et Privat-Flammarion (place Bellecour, 2e).

Église Saint-Georges (☎ 04 72 77 07 90 ; rue Saint-Georges, 5e ; Ⓜ Vieux-Lyon). Cette église néogothique (à l'extérieur et à l'intérieur, une fois n'est pas coutume), a été réalisée en 1844 par Pierre Bossan, à qui l'on doit également la basilique de Fourvière. Elle a été construite sur le site d'une ancienne église dédiée à sainte Eulalie.

On repère de loin son clocher, haut de 67 m. Sur la façade, des statues de saint Pierre et de saint Jean encadrent le portail, qui est surmonté d'une sculpture représentant saint Georges à cheval terrassant le Dragon. L'intérieur de l'église présente un mobilier néogothique mais aucune autre caractéristique notable.

De nos jours, l'église est connue pour prôner un respect très strict du dogme catholique. Aussi, encore plus qu'ailleurs, veillez à ne pas entreprendre une visite durant un office.

▶ **Primatiale Saint-Jean** (place Saint-Jean, 5ᵉ ; Ⓜ Vieux-Lyon). Si vous ne devez entrer que dans une église, c'est celle-ci. La cathédrale Saint-Jean-Baptiste est l'église de l'archevêque, historiquement primat des Gaules, et porte donc le titre de primatiale des Gaules. Ce fut un lieu très important dans l'histoire de l'Église mais aussi dans l'histoire de France puisque s'y sont déroulés les 13ᵉ et 14ᵉ conciles œcuméniques, le couronnement du pape Jean XXIII et le mariage d'Henri IV avec Marie de Médicis.

Sa construction fut extrêmement longue, s'étendant du XIIᵉ au XVᵉ siècle pour sa plus grande partie, ce qui explique une certaine confusion des genres : c'est un édifice qui comporte à la fois des parties romanes et des parties gothiques.

La façade, gothique, était à l'origine ornée de statues, qui furent détruites par les calvinistes au XVIᵉ siècle, tandis que les anges furent décapités. Elle comporte trois portes. La porte centrale est surmontée d'une grande rosace, encadrée par deux niches : celle de gauche abrite une horloge du XIVᵉ siècle, celle de droite est vide. Sur ces portes, plus de 300 médaillons représentent des scènes bibliques, historiques et domestiques – comme la Genèse ou l'histoire de Samson. Au-dessus de la rosace, sur le grand triangle, se trouvent des statues de Marie, de l'ange Gabriel et, au sommet, de Dieu.

À l'intérieur, vous remarquerez le contraste entre la sobriété de la nef, de l'abside et du chœur, avec ses travées d'ogives, de style roman, et la chapelle des Bourbons (sur votre droite en entrant, après le chœur d'hiver), dont les ouvertures sur le mur du fond (menant à la sacristie) sont de style gothique flamboyant. La cathédrale recèle également de nombreux vitraux, ceux du chœur font partie des plus beaux, et de très intéressants tableaux, accrochés dans les différentes chapelles.

Entre tous, l'élément à ne pas manquer est l'**horloge astronomique**, qui se trouve au fond, à gauche de l'autel. Probablement conçue au XIVᵉ siècle et modifiée à plusieurs reprises jusqu'au début du XVIIᵉ siècle, elle se met en marche à 12h, 14h, 15h et 16h précises. Elle possède bien évidemment un cadran qui donne l'heure (et dont les aiguilles se rétractent ou s'agrandissent de façon à suivre le contour ovale), ainsi qu'un calendrier perpétuel. Mais le plus impressionnant est le mouvement des automates. Il dure quelques secondes seulement, il faut donc être très attentif. Sur la gauche, un ange commence par retourner un sablier tandis qu'un autre à droite agite ses bras comme un chef d'orchestre. Le coq chante alors trois fois et certains anges actionnent des cloches. Le Suisse salue la foule en entamant une ronde qu'il terminera quand l'heure sonnera. Gabriel fait son annonce à Marie et une colombe, l'Esprit saint, descend vers elle. Le Père procède alors à une bénédiction.

Sur la **place Saint-Jean**, une fontaine représente le baptême du Christ. À droite de la cathédrale lorsque l'on fait face au porche, vous pourrez observer une façade visiblement plus ancienne que celle de la Primatiale. Il s'agit de la très romane **manécanterie**, ancienne demeure des petits clercs, datant du XIᵉ siècle. Elle abrite aujourd'hui le **musée du Trésor** (🕓 mar-ven 10h-12h et 14h-18h, sam jusqu'à 19h du 1ᵉʳ mai au 14 nov).

Palais de justice (☎ 04 72 77 30 30 ; quai Romain-Rolland, 5ᵉ ; Ⓜ Vieux-Lyon). Ce bâtiment du XIXᵉ siècle détonne quelque peu dans le quartier. Conçu par Louis-Pierre Baltard sur le modèle d'un temple antique, il fut construit sur le site même de l'ancien palais de Roanne, tribunal et prison, et achevé en 1847.

Les colonnes corinthiennes de sa façade tout en longueur lui valent son surnom : "les 24 colonnes". On accède à l'intérieur par un escalier impressionnant. Au sein du palais, de hauts plafonds et de vastes salles, qui arborent toujours le mobilier et les boiseries imaginés par Baltard, rappellent la solennité du lieu. Deux plafonds peints de la Renaissance ont été conservés.

Le palais accueille aujourd'hui la cour d'assises et la cour d'appel. C'est ici que se déroula notamment le procès de

À VOS MARQUES... PRÊT... TRABOULEZ !

Petite explication de texte : les traboules sont des passages entre deux immeubles, construits à la Renaissance dans le Vieux Lyon et lors de l'installation des canuts (ouvriers de la soierie) à la Croix-Rousse. Il y en a aussi quelques-unes sur la Presqu'île. "Trabouler", c'est entrer dans un immeuble, arriver via un couloir dans une cour donnant accès à un deuxième immeuble. On admet communément que le mot vient du latin *trans ambulare*, "passer à travers".

Si le terme est complètement obscur pour les non-Lyonnais, la fonction des traboules l'est pour tout le monde. Le plus probable est la nécessité de gagner de la place : grâce aux traboules, on pouvait construire deux édifices à une distance moins importante l'un de l'autre que si on les séparait par une rue.

Les traboules ont été des cachettes à différents moments de l'histoire. Elles ont servi au XVIe siècle lors des conflits entre catholiques et protestants, au XIXe pendant la Révolte des canuts, à la Résistance lors de la Seconde Guerre mondiale. Elles ont même aidé Astérix et Obélix à échapper aux Romains dans *Le Tour de Gaule* !

Il y a environ 320 traboules, dont près de 50 ouvertes au public (en général 9h-18h, parfois seulement 9h-12h). Il suffit de pousser les portes d'entrée des immeubles pour y pénétrer. Elles sont fermées la nuit et on ne peut pas monter dans les étages car il s'agit d'immeubles d'habitation. À la Croix-Rousse, on repère les passages à l'aide de petits panneaux carrés à fond jaune avec un rond bleu orné d'une tête de lion. À Saint-Jean, c'est à vous de les découvrir !

Parmi les plus intéressantes, ne manquez pas la plus longue, qui traverse quatre immeubles : entrez au 27 rue du Bœuf et vous ressortirez au 54 rue Saint-Jean. À la Croix-Rousse, poussez la porte du 9 place Colbert et pénétrez dans la cour des Voraces, célèbre pour avoir servi de lieu de regroupement aux canuts lors de leur révolte en 1831. Descendez ensuite l'escalier avant de rejoindre la rue Imbert-Colomès. L'office du tourisme propose un circuit des traboules les plus célèbres.

Klaus Barbie. On ne peut malheureusement visiter le palais que lors des journées du Patrimoine.

Jardin archéologique (ou jardin Girard-Desargues ; angle rue Mandelot et rue de la Bombarde, 1er ; ⏲ tlj ; entrée libre ; Ⓜ Vieux-Lyon). Situé au nord de la primatiale Saint-Jean, le petit mais agréable jardin archéologique est né au hasard d'un projet d'extension du palais de justice en 1960. Les travaux permirent de retrouver la trace de bâtiments médiévaux.

On peut aujourd'hui voir les restes du baptistère paléochrétien de l'église Saint-Étienne ainsi que l'abside et un arc gothique de l'église Sainte-Croix. Toutes deux furent détruites à la fin du XVIIIe siècle alors qu'elles formaient un ensemble religieux avec la cathédrale.

Loge du Change (place du Change, 5e ; Ⓜ Vieux-Lyon). Au Moyen Âge et pendant la Renaissance, la **place du Change** était la place commerciale de la ville par excellence. S'y tenaient les foires annuelles et la quasi-totalité des tractations commerciales.

Construite en 1630, la **loge du Change** fut tout d'abord la Bourse de Lyon. Elle fut agrandie en 1747 d'après des plans de Soufflot. Au final, le bâtiment de style classique comporte cinq arcades au rez-de-chaussée, lesquelles sont surmontées de cinq grandes fenêtres au 1er étage. Soufflot ajouta également une grande salle sous voûte.

Transformée en auberge pendant la Révolution, la Loge fut finalement donnée en 1803 aux protestants qui y établirent un temple, qu'elle abrite toujours aujourd'hui.

Église Saint-Paul (☎ 04 78 28 67 93 ; place Gerson/rue Saint-Paul, 5e ; Ⓜ Vieux-Lyon). Cette église située au nord de Saint-Jean est, comme la Primatiale, un mélange de styles assez intrigant. Débutant au XIe siècle, sa construction sur le site d'un ancien monastère, dans un style roman, s'est poursuivie durant une grande partie du XIIe siècle et a été complétée au fil du temps.

L'église fut donc édifiée sur un substrat roman, qui lui donne son aspect d'ensemble, avec des chapelles débordant de la nef et, au-dessus du transept, une superbe tour-lanterne octogonale. Le clocher est en revanche de style gothique alors que la flèche, ajoutée en 1875, est néogothique, de même que le portail.

BELLE-ÎLE-EN-SAÔNE

Encore une preuve que Lyon est une métropole où l'on peut trouver air frais et verdure sans même avoir besoin d'une voiture. Dans le 9e arrondissement, au beau milieu de la Saône, trône l'île Barbe. Pour vous y rendre, le mieux est encore de longer la rive gauche du fleuve à vélo, une balade qui ne devrait pas prendre plus de 15 minutes depuis le centre-ville. Vous pouvez aussi opter pour les transports en commun (bus 31 ou 43). L'île est reliée aux berges par un petit pont depuis lequel il faut descendre un escalier.

L'île Barbe fut d'abord occupée par une abbaye puis par un monastère. Aujourd'hui, elle est habitée par des particuliers possédant de somptueuses maisons. Seule une partie de l'île est accessible aux visiteurs mais offre déjà un cadre tout à fait reposant au bord de l'eau. Des parties de pétanque y sont régulièrement improvisées. Les dimanches d'été, des animations et des visites sont organisées (voir *Fêtes et festivals* p. 18). Un autre moyen d'accéder à la partie résidentielle de l'île est de déjeuner dans le restaurant gastronomique **L'Auberge de l'île** (☎ 04 78 83 99 49 ; place Notre-Dame, 9e ; ⏲ mar-sam ; menu 90-120 €). Plus modestement, vous pouvez vous arrêter manger sur le continent à **Buldo** (p. 100), dont la terrasse donne directement sur la Saône, ou à **L'Ouest** (p. 100), un peu plus au sud.

On constate donc depuis l'extérieur le véritable catalogue architectural que constitue Saint-Paul.

À l'intérieur, les piliers des travées possèdent des chapiteaux sculptés de toute beauté. Parmi les éléments notables : la chapelle Sainte-Marguerite, la deuxième à droite, recèle une fresque colorée représentant des anges jouant de la musique.

▶ **Musée Gadagne** (☎ 04 72 56 74 06 ; 1 place du Petit-Collège, 5e ; www. museegadagne.com ; Ⓜ Vieux-Lyon). Ancienne propriété de la famille d'origine italienne Gadagne, une des premières fortunes lyonnaises, l'hôtel de Gadagne est un ensemble Renaissance de la première moitié du XVIᵉ siècle. Classé depuis 1920, il abrite le musée de l'Histoire de Lyon depuis 1921 et le musée des Marionnettes du monde depuis 1950. Guignol, création lyonnaise s'il en est, est le personnage emblématique qui fait le lien entre les deux collections.

Le musée Gadagne, en travaux depuis plusieurs années, rouvrira ses portes en avril 2007 pour des expositions temporaires. Les collections devraient être de nouveau ouvertes au public début 2008 pour les marionnettes et fin 2008 pour la partie Histoire. Au terme de ce projet, le musée comportera 39 salles d'exposition, un auditorium, des ateliers pédagogiques, un centre de documentation et des jardins suspendus.

Le musée d'Histoire de Lyon retrace l'histoire de la ville, du Moyen Âge au XIXᵉ siècle, grâce à des plans, du mobilier et des œuvres d'art. Celui consacré aux marionnettes fait bien entendu la part belle à Guignol et ses comparses, et à leur évolution à travers le temps. Mais on y trouve aussi des marionnettes du monde entier, à tringles, à tiges et à fils.

Appelez ou consultez le site Internet pour connaître les nouveaux horaires d'ouverture et les tarifs.

Musée International de la Miniature (☎ 04 72 00 24 77 ; maison des Avocats, 60 rue Saint-Jean, 5ᵉ ; www.mimlyon.com ; ☺ tlj 10h-19h ; adultes/enfants 7/5 €, gratuit moins de 4 ans et avec la Lyon City Card ; Ⓜ Vieux-Lyon) Un musée enchanteur qui n'est pas que pour les enfants, loin s'en faut ! Tout d'abord, le bâtiment Renaissance, la maison des Avocats, est superbe avec ses murs jaune orangé et sa galerie à arcades. Le fondateur du musée, Dan Ohlmann, fut ébéniste, sculpteur et architecte d'intérieur avant de s'adonner à sa passion pour la miniature.

Au rez-de-chaussée, une première exposition, de qualité, est en accès libre. Les plus belles pièces se trouvent toutefois dans les étages. Des centaines de miniatures minutieusement réalisées et tout à fait captivantes y sont conservées. Parmi les ouvrages les plus fascinants de la collection permanente, les reproductions de monuments ou d'édifices du patrimoine lyonnais, réalisées par Dan Ohlmann lui-même, tels que le dôme de l'Opéra, un atelier de canuts ou encore la prison Saint-Paul. L'autre partie de la collection est composée d'œuvres diverses, venues du monde entier et utilisant différentes techniques. On peut ainsi voir des pièces entières – comme la bibliothèque de Françoise Andres, avec ses centaines de livres –, des meubles ou encore une déroutante collection de chaussures miniatures.

Le musée accueille également des expositions temporaires. Au 3e étage est installé un atelier de conception des miniatures, ouvert au public.

C'EST GUIGNOL, C'EST GUIGNOL, AVEC SON CHAPEAU NOIR...

Bien plus qu'une simple marionnette pour enfants ou que le personnage d'une chanson de Chantal Goya, Guignol fait partie intégrante du patrimoine culturel lyonnais. Authentique canut (voir l'encadré *La route de la soie*, p. 56) comme son créateur Laurent Mourguet, Guignol naît au tout début du XIXe siècle. Mourguet, sans emploi, devient arracheur de dents et a l'idée d'attirer ses clients avec des marionnettes. Très vite, les spectacles de Guignol deviennent des lieux privilégiés de la satire sociale. On y retrouve Guignol, bien sûr, mais aussi Gnafron, son ami grand "amateur" de vin, leurs femmes et le gendarme Flageolet.

Pour en savoir plus, rendez-vous au **Petit musée fantastique de Guignol** (☎ 04 78 37 01 67 ; 6 rue Saint-Jean, 5e ; www.lamaisondeguignol. fr.st ; 🕐 lun 14h-19h, mar-sam 10h30-12h30 et 14h-19h, dim 11h-13h et 15h-18h ; 5/3 € ; Ⓜ Vieux-Lyon).

Vous pouvez aussi assister à un spectacle de la **Compagnie des Zonzons** (☎ 04 78 28 92 57 ; 2 rue Louis-Carrand, 5e ; www.guignol-lyon. com ; spectacle tout public adultes 9/5 € et enfants 7/6 €, spectacle en soirée 15/13 €, gratuit avec la Lyon City Card) ou vous rendre au **parc de la Tête-d'or** (voir p. 61) où se trouve un petit théâtre de Guignol.

Musée La Renaissance des automates (☎ 04 72 77 75 20 ; 100 rue Saint-Georges, 5e ; www.museeautomates.com ; ☽ tlj 14h30-18h ; 7/5 € ; Ⓜ Vieux-Lyon). Ensorcellement garanti au fil des sept salles de ce musée qui présente plus de 250 automates en mouvement dans 20 scènes en son et lumière.

Le musée possède un atelier qui crée et met en scène des automates depuis 1946. Des scènes de la vie quotidienne, comme cet atelier de canuts utilisant le métier Jacquard, ont été reproduites. Certains automates font partie de véritables tableaux animés en hommage à des artistes – écrivains, peintres, musiciens. On peut ainsi voir s'animer des personnages de Pagnol, *Les Glaneuses* de Millet ou *La Danseuse* de Degas. Les automates incarnant les personnages du tableau représenté sont placés devant le fond de la toile et s'animent. Le résultat est saisissant. Les enfants seront fascinés par le spectacle mais il n'est pas interdit aux adultes de se laisser séduire par l'atmosphère un rien magique des lieux.

L'atelier du musée peut également concevoir et construire un automate unique, à votre idée. Certains modèles peuvent aussi être loués. En dehors des classiques cartes postales, la boutique de souvenirs propose de superbes boîtes à musique (de 45 à 1 600 € ; possibilité de commander via le site Internet).

LA CROIX-ROUSSE

Par opposition à la "colline qui prie", Fourvière, la Croix-Rousse porte le surnom de "colline qui travaille". Elle est composée de deux parties, les pentes et le plateau, les pentes étant l'ancien quartier "canut" alors que le plateau est traditionnellement plus résidentiel. C'est aujourd'hui un quartier branché et très vivant, où sont installés de nombreux bars et restaurants. Ici, les musées ne sont pas légion : la meilleure façon de visiter la Croix-Rousse est de parcourir ses rues, encore et encore, et de s'imprégner de son atmosphère si particulière.

La Croix-Rousse doit son nom à une croix en pierre jaune orangé qui se situait sur la montée de la Boucle. La colline fut rattachée à Lyon en 1852, après avoir longtemps lutté pour rester indépendante.

Le quartier fut habité très tôt. Les délégués de 60 cités gauloises se réunissaient chaque année jusqu'aux environs du IIIe siècle dans l'amphithéâtre des Trois-Gaules, en bas des pentes. L'histoire de la Croix-Rousse fut ensuite marquée par l'installation de couvents, qui furent détruits par les poussées révolutionnaires. L'intérêt pour la Croix-Rousse renaît finalement avec l'apparition du métier Jacquard en 1800, qui nécessitait des ateliers hauts de plafonds, et poussa les ouvriers de la soierie à quitter le Vieux Lyon pour s'installer sur les pentes. En effet, les terrains disponibles sur la colline permirent la construction d'immeubles composés d'appartements hauts de plus de 4 mètres sous plafond et offrant une bonne luminosité. Aujourd'hui, les appartements du quartier sont très convoités. C'est ici que démarrèrent les révoltes de canuts, premières contestations ouvrières de l'histoire de France, en 1831.

Malgré le déclin de l'industrie de la soie à la fin du XIXe siècle, la Croix-Rousse a conservé une âme particulière, un rien villageoise, très différente du reste de la ville.

Le Gros Caillou (place Bellevue, 4e ; Ⓜ Croix-Rousse). À l'est de la place de la Croix-Rousse, ce n'est ni plus ni moins que ce que son nom indique : un gros caillou. L'histoire veut que Jean Tormente, huissier de justice de son état, ait été puni par Dieu pour avoir expulsé sans remords une famille de canuts. Puisqu'il avait un caillou à la place du cœur, Dieu décida de l'obliger à pousser un caillou qui grossirait continuellement jusqu'à ce qu'il croise quelqu'un de plus méchant que lui. Il fit le tour de la ville et revint vers le plateau de la Croix-Rousse avant de pouvoir s'arrêter et laisser le caillou devenu énorme sur la place où il est demeuré depuis. Si cette explication ne vous satisfait pas, vous pouvez lui préférer celle-ci : le gros caillou est en fait un bloc erratique déposé par les moraines de glaciers des Alpes. Il a été mis au jour lors des percées effectuées pour la construction du funiculaire. Plus scientifique, mais tellement moins amusant…

Église Saint-Polycarpe (☎ 04 78 39 01 06 ; 25 rue René-Leynaud, 1er ; Ⓜ Croix-Paquet). Quelque peu difficile à trouver, l'église Saint-Polycarpe se niche au cœur des pentes de la Croix-Rousse. Elle date de 1670, mais sa façade actuelle fut réalisée au milieu du XVIIIe siècle dans un style néoclassique. Monumentale, elle est surmontée par un fronton triangulaire. Elle fut endommagée par des tirs de canons en 1793. On peut encore voir les impacts. L'abbé alors en fonction résista moins bien que les murs : un boulet le tua dans son lit.

L'église fut agrandie au XIXe siècle mais, faute d'argent, la fin du projet, notamment la construction du clocher, fut abandonné et l'édifice laissé en l'état. À l'intérieur, remarquez l'orgue de 1840, en noyer, aux dimensions et à l'acoustique impressionnantes.

Les Subsistances (☎ 04 78 39 10 02 ; 8 bis quai Saint-Vincent, 1er ; www.les-subs.com ; ⏰ tlj 8h-20h ; spectacles 10/6 € ; bus 3, 19, 31, 44 arrêt Subsistances). Ce laboratoire de création est un projet unique dans le domaine artistique. Installé dans un ancien couvent du XVIIe siècle utilisé par l'armée (à laquelle il doit son nom car il accueillait les subsistances militaires) à partir de 1807, les Subsistances offrent aux artistes du spectacle vivant (danse, cirque et théâtre) un hébergement temporaire et les moyens financiers de réaliser des projets originaux. On peut assister aux spectacles ainsi qu'à des conférences et des débats. Outre les salles de spectacle, ce lieu immense accueille une salle d'exposition, des chambres pour les artistes et des ateliers de travail. Les amateurs ne sont pas oubliés : des ateliers de pratique sont régulièrement organisés, à l'année ou sous forme de stages. En dehors des spectacles, il est possible de visiter le site sur réservation (groupes à partir de 10 personnes), ou à certaines dates (pour les connaître, appeler ou consulter le calendrier sur le site Internet).

▶ **Amphithéâtre des Trois-Gaules** (rue des Tables-Claudiennes, 1er ; ⏰ 15 avr-15 sept 7h-21h, 16 sept-14 avr 7h-19h ; Ⓜ Hôtel-de-Ville ou Croix-Paquet). De multiples hypothèses furent émises quant à l'emplacement de cet

ITINÉRAIRE DANS LA CROIX-ROUSSE

Pour parcourir la Croix-Rousse, le plus simple est de prendre le métro jusqu'à l'arrêt Croix-Rousse, de façon à visiter le quartier dans le sens de la descente (les montées sont rudes). La station se trouve sur la place de la Croix-Rousse, à l'ambiance un rien villageoise. Chaque matin, du mardi au dimanche, s'y tient un **marché** (p. 116). Depuis la place, gagnez le boulevard des Canuts pour admirer le **mur peint des Canuts** (p. 26). Prenez la rue Hénon pour rejoindre la Grande-Rue-de-la-Croix-Rousse. Si l'on est samedi après-midi, poussez jusqu'au n°83 pour voir le **jardin Rosa Mir** (p. 55) puis revenez sur vos pas pour prendre la rue d'Ivry où se trouve la **Maison des Canuts** (p. 56), mémoire vivante des ouvriers de la soie. Empruntez à droite la rue de Belfort puis, au bout, tournez à gauche pour rejoindre le **Gros Caillou** (p. 52).

Prenez la rue Bodin jusqu'à la **place Colbert** pour admirer le panorama. Au n°9, une traboule s'ouvre sur la **cour des Voraces**, où se rassemblèrent les canuts révoltés en 1831 et 1834 – "voraces" parce qu'avides d'avantages sociaux –, et débouche rue Imbert-Colomès. Prenez à droite pour rallier la rue Neyret et descendre vers l'**amphithéâtre des Trois-Gaules**, rue des Tables-Claudiennes (p. 53). Reprenez cette rue et tournez à droite montée de la Grande-Côte, à gauche rue Burdeau et descendez les escaliers. Ils mènent au **passage Thiaffait** (p. 117), où vous verrez les créations de jeunes designers. En sortant, prenez à gauche, vers l'**église Saint-Polycarpe** (p. 53).

Poursuivez la rue Leynaud jusqu'à croiser la montée Saint-Sébastien. Grimpez une centaine de mètres et arrêtez-vous pour profiter de la vue depuis les **jardins Villemanzy**. Redescendez la montée puis la rue du Romarin, sur la droite, jusqu'à la place de la Comédie où s'élèvent l'**Opéra** (p. 24) et l'**Hôtel de Ville** (p. 24). En contournant celui-ci, on rejoint la **place des Terreaux** (p. 22), au sud de laquelle se trouve le **musée des Beaux-Arts** (p. 30).

Rejoignez la **place Sathonay** par la rue Constantine, au sud-ouest des Terreaux puis, à droite, la rue Vittet. Le **Café de la mairie** (p. 106) sera parfait pour un rafraîchissement bien mérité !

amphithéâtre où les premiers chrétiens, au nombre desquels la future sainte Blandine, servirent de repas aux lions en 177. On pensa longtemps qu'il se trouvait sur la colline de Fourvière. Il fut finalement localisé en 1958 et partiellement mis au jour à partir de 1966.

Construit en l'an 19, c'était à l'origine le lieu de rencontre des administrations des 60 villes des Trois-Gaules (Lyonnaise, Aquitaine et Belgique). On y célébrait également de nombreuses festivités. On ne peut malheureusement qu'imaginer l'ampleur de l'amphithéâtre à l'époque gallo-romaine puisque les gradins ont disparu. Un poteau en bois au centre de l'amphithéâtre rend hommage aux martyrs chrétiens.

Atelier de soierie (☎ 04 72 07 97 83 ; 33 rue Romarin, 1ᵉʳ ; www.atelierdesoierie.com ; 🕒 lun-sam 9h-12h et 14h-19h ; visite possible avec l'office du tourisme ; Ⓜ Hôtel-de-Ville). Le dernier atelier traditionnel lyonnais d'impression sur cadre de la soie. On peut assister à une démonstration et voir comment chaque couleur est apposée individuellement à l'aide d'une sorte de pochoir. Même si vous n'êtes pas passionné par la soierie, vous pourrez apprécier l'humour décapant des commentaires ! Au 1ᵉʳ étage, des métiers permettent de réaliser de la panne de velours. L'atelier fait aussi office de boutique.

Jardin Rosa-Mir (83 Grande-Rue-de-la-Croix-Rousse, 4ᵉ ; 🕒 sam 15h-18h ; entrée libre ; Ⓜ Croix-Rousse). Un petit jardin pas comme les autres : il est principalement composé de… coquillages ! Plus de 100 000 au total. Niché au cœur de la Croix-Rousse, il est invisible depuis la rue. Une fois devant le 83 Grande-Rue-de-la-Croix-Rousse, passez le porche de l'immeuble et montez sur la droite. La grille du jardin se trouve sur votre gauche. Autre obstacle, il n'est ouvert que trois heures par semaine. Mais il fait partie de ces endroits au kitsch improbable qui valent la peine de bousculer son emploi du temps pour les découvrir.

Rosa Mir Mercader est la mère du créateur de ce lieu, Jules Senis, espagnol et lyonnais d'adoption, artisan-maçon. Le jardin est d'inspiration espagnole : il rappelle les travaux d'architectes comme Gaudí. Le matériau principalement utilisé par Senis est le ciment. Il

55

LA ROUTE DE LA SOIE

Au nombre des termes typiquement lyonnais, on trouve le "canut", ouvrier de la soie, lequel travaille pour un "soyeux", marchand et fabricant. C'est François Ier qui réussit au XVIe siècle à convaincre les Lyonnais de s'engager sur le marché de la soie. En 1540, un édit royal accorda à Lyon le monopole de cette industrie. Les canuts s'implantèrent d'abord dans le Vieux Lyon et sur la Presqu'île, avant de migrer sur les pentes de la Croix-Rousse au moment de l'apparition du métier Jacquard. En effet, si cette nouvelle technique facilitait le travail de la soie, elle nécessitait aussi des ateliers de plus de 4 m sous plafond. De nouveaux immeubles, également plus lumineux, furent donc construits pour les accueillir.

À la fin du XVIIIe siècle, l'industrie de la soie devint de moins en moins prospère. En 1831, une première révolte des canuts, qui réclamaient une augmentation de leur traitement, éclata. Après avoir obtenu gain de cause, ils furent finalement soumis et les nouveaux tarifs n'entrèrent jamais en application. La deuxième révolte, trois ans plus tard, fut elle aussi réprimée. Malgré leur échec, ces mouvements marquèrent le début des revendications ouvrières dans toute la France. Le XXe siècle et la mécanisation grandissante marquèrent la fin de la soierie artisanale lyonnaise.

Pour en savoir plus sur la soierie lyonnaise, vous pouvez visiter la Maison des Canuts (p. 56) et l'Atelier de soierie (p. 55).

a élaboré d'improbables colonnes recouvertes de coquillages et de plantes qui offrent un nouveau visage au jardin au printemps. Le jardin Rosa Mir appartient à la ville de Lyon depuis 1987.

▶ **Maison des Canuts** (☎ 04 78 28 62 04 ; 10-12 rue d'Ivry, 4e ; ☽ mar-sam 10h-18h30 ; entrée libre ; visite commentée 11h et 15h30, 5 € ; Ⓜ Croix-Rousse). Le terme de "canut" désigne les ouvriers de la soierie. Ce musée est l'endroit idéal pour se familiariser avec la tradition de la soierie lyonnaise et le célèbre métier Jacquard. Il est cependant compliqué d'en imaginer le fonctionnement et de visualiser le travail que représentait le tissage manuel. Il vaut donc mieux assister à une visite commentée, au ton savoureux de causticité, illustrée par des démonstrations. On peut également acheter des foulards et d'autres productions des ateliers.

LA RIVE GAUCHE

La rive gauche est celle du Rhône et s'étend donc à l'est de Lyon. Elle est parfois un peu trop délaissée par les touristes alors que l'on y trouve notamment un nombre impressionnant de musées de grande qualité ainsi que des jardins de toute beauté.

La rive gauche est loin d'être uniforme : composée de quartiers divers, elle propose aux visiteurs autant d'ambiances et de cadres différents. De Gerland à la Cité internationale en passant par la Guillotière, la Part-Dieu ou les Brotteaux, ce sont de nouveaux visages de Lyon qui s'offrent à vous !

CITÉ INTERNATIONALE (bus 4 depuis (M) Foch)

La Cité internationale constitue un nouveau quartier à part entière, et rien que pour cela elle mérite bien une visite. Après avoir gambadé dans les quartiers historiques de Lyon, c'est le moment de faire un plongeon dans la modernité lyonnaise dans ce qu'elle a de plus impressionnant. La Cité internationale, repérable à ses nombreuses façades en brique, se trouve entre le Rhône et le parc de la Tête-d'or, au nord de la ville, sur l'ancien site de la Foire de Lyon. Une fois n'est pas coutume, toutes les municipalités qui se sont succédé depuis Édouard Herriot (élu pour la première fois en 1905) ont soutenu et porté le projet de faire de ce lieu un espace résolument moderne. La conception en a été confiée à l'architecte Renzo Piano.

On y trouve le Palais des congrès, l'incontournable musée d'Art contemporain (voir p. 58), un cinéma multiplex, un hôtel Hilton, un pôle résidentiel et tertiaire ainsi que des bureaux. Tout récemment, en mai 2006, une nouvelle salle, la salle 3 000, a été inaugurée. Amphithéâtre de toute beauté et à l'acoustique exceptionnelle, il peut accueillir (son nom met sur la voie) 3 000 personnes. Jusqu'à présent, le quartier souffrait d'une fréquentation assez faible, surtout en soirée, mais cet état de fait est en train de changer fortement.

▶ **Musée d'Art contemporain** (Moca, ☎ 04 72 69 17 17/18 ; Cité Internationale, 81 quai Charles-de-Gaulle, 6ᵉ ; www.moca-lyon.org ; 🕐 mer-dim 12h-19h ; 5/2 €, gratuit moins de 18 ans et avec la Lyon City Card ; bus 58 depuis Ⓜ Bellecour ou 4 depuis Ⓜ Foch). Situé en face du parc de la Tête-d'or, le musée d'Art contemporain de Lyon ne présente que des expositions temporaires, souvent issues de sa propre collection et généralement époustouflantes. La façade à arcades côté parc date des années 1930, alors que celle donnant sur l'intérieur de la Cité internationale est tout en verre, d'une modernité extrême. À l'intérieur, le Moca a été conçu pour accueillir tous types de création artistique : les murs et les espaces sont mobiles pour pouvoir s'adapter aux expositions. Bettina Rheims, Robert Morris, John Baldessari et bien d'autres ont vu leurs créations mises en scène au Moca. Que vous soyez connaisseur ou novice, les œuvres exposées sont toujours fortes en émotions. Et si vous vous découvrez une passion pour l'art contemporain, vous pouvez aussi vous rendre à Villeurbanne à l'**institut d'Art contemporain** (☎ 04 78 03 47 00 ; 11 rue Dr-Dolard 69 605 Villeurbanne ; 🕐 mer, ven-dim 13h-18h, jeu 13h-20h ; 4/2,50 € ; www. i-art-c.org ; bus 34 arrêt Alsace depuis Ⓜ Charpennes).

GERLAND

À moins d'avoir passé ces dix dernières années sur une planète où le foot n'existe pas, vous avez forcément entendu parler de Gerland, le fameux stade, qui est à Lyon ce que le Parc des Princes est à Paris. Mais Gerland est loin de n'être qu'un paradis des footballeurs, c'est un quartier à part entière. S'il n'est pas à proprement parler un quartier touristique, il recèle cependant de petites perles à ne pas manquer.

La commune de la Guillotière, dont faisait partie l'actuel quartier de Gerland, fut rattaché à Lyon en 1852, en même temps que la Croix-Rousse. Avant 1900, ce qui n'était pas encore un quartier lyonnais était une zone principalement agricole marécageuse. Durant la première moitié du XXᵉ siècle, Gerland subit de nombreux aménagements, notamment la percée de la rue Jean-Jaurès, achevée en 1908, qui en fit un lieu plus accessible. Des industries chimiques et alimentaires s'installèrent et, avec elles, de nombreux ouvriers. L'architecte Tony Garnier construisit les Halles (voir p. 60), ce qui contribua également à créer des emplois.

Devenu un quartier moderne, Gerland accueille aujourd'hui l'École normale supérieure de sciences et des entreprises axées sur la recherche scientifique. Le quartier fait actuellement partie d'un vaste projet d'urbanisation.

Stade de Gerland (353 avenue Jean-Jaurès, 7ᵉ ; Ⓜ Gerland). Conçu en 1926 par l'architecte Tony Garnier – encore lui –, ce stade a été classé monument historique en 1967. Il est d'inspiration romaine, avec ses deux virages et ses deux tribunes, et possède quatre gigantesques portes. Sa dernière rénovation remonte à la Coupe du monde de football de 1998, lors de laquelle plusieurs matchs s'y déroulèrent. Il peut accueillir aujourd'hui plus de 40 000 spectateurs. Pour beaucoup, avant d'être un monument, le stade de Gerland est le fief de l'**Olympique lyonnais** (OL), l'équipe de football qui fait la fierté de la ville avec son palmarès inégalé de cinq titres consécutifs de champion de France. À proximité, une boutique officielle de l'OL vend tout l'attirail du bon supporter. En dehors des événements, le stade n'est pas ouvert au public.

Parc de Gerland (allée Pierre-de-Coubertin, 7ᵉ ; 🕑 tlj 6h30-22h30 ; entrée libre ; Ⓜ Gerland). À Gerland, il n'y a pas que le stade (voir ci-dessus). À Gerland, on peut aussi visiter un superbe parc urbain qui, au terme de son projet d'aménagement, devrait couvrir près de 80 ha. Pour le moment, c'est déjà un lieu fascinant pour botanistes en herbe, petits ou grands.

C'est le moment de découvrir ce qu'est une mégaphorbiaie, à la fois grâce à l'exposition très didactique proposée au rez-de-chaussée de la **Maison des fleurs** (ouverte d'avril à septembre) et à la **mégaphorbiaie** grandeur nature. Trêve de suspense : une

59

mégaphorbiaie est une formation végétale à base de grandes plantes vivaces. Si cela n'évoque rien pour vous, il faut absolument vous rendre au parc de Gerland pour voir cette impressionnante variété de spécimens à travers une promenade qui change au fil des saisons. Si vraiment les herbes folles ne sont pas votre tasse de thé, visitez le parc en soirée pour profiter pleinement du **jardin chromatique** qui, à l'aide d'un éclairage adapté, permet d'apprécier fleurs et plantes après la tombée de la nuit.

Halle Tony-Garnier (☎ 04 72 67 85 85 ; 20 place Antonin-Perrin, 7ᵉ ; www. halle-tony-garnier.fr ; visite uniquement sur rendez-vous ; Ⓜ Gerland). Conçue sur des plans de l'architecte lyonnais Tony Garnier au début du XXᵉ siècle, cette saisissante halle accueillait à l'origine les abattoirs et le marché aux bestiaux, lesquels furent inaugurés, après une occupation par les militaires durant la Première Guerre mondiale, en 1928. Dans les années 1960, les abattoirs furent fermés et, dès 1974, la démolition voulue par Louis Pradel commença – le même Louis Pradel qui essaya de raser le Vieux Lyon. Et comme pour le Vieux Lyon, il fut heureusement arrêté dans sa lancée. En effet, une campagne de presse assortie d'un classement comme monument historique en 1975 sauva la halle, qui sera entièrement rénovée à deux reprises. L'actuel bâtiment a été inauguré en 2000. De l'extérieur, il est très imposant, non seulement par ses dimensions (24 m au plus haut, 210 m de long, 80 m de large) mais aussi par sa charpente métallique et ses immenses fenêtres en verre. Il a été aménagé depuis 1998 en salle de spectacle et accueille les plus grands artistes français et internationaux.

LA PART-DIEU

Le quartier de la Part-Dieu n'est pas particulièrement touristique mais c'est souvent la première vision que l'on a de Lyon à la sortie du train. Malheureusement, ce n'est pas la meilleure…

L'urbanisation de la Part-Dieu, "propriété de Dieu", commença réellement au milieu du XIXᵉ siècle, quand Gerland et la Guillotière furent annexés à Lyon. Les zones insalubres et inondables furent alors assainies. Pour la petite histoire, une caserne y fut construite en 1847 car le quartier était considéré comme un lieu de fomentation de révoltes anarchistes.

Devenue par la suite un centre d'affaires, la Part-Dieu est aujourd'hui principalement occupée par des bureaux. Devant la gare s'élève la **tour-crayon** du Crédit lyonnais, le seul gratte-ciel de la ville (142 m et 42 étages). Juste devant celle-ci, un immense centre commercial héberge 230 boutiques sur 5 niveaux. Sa dernière rénovation, apportant de la lumière à l'intérieur, l'a rendu plus agréable, mais ça reste un centre commercial… À ne pas manquer en revanche : les **halles** (voir p. 114).

LES BROTTEAUX

Le quartier des Brotteaux est avant tout résidentiel. Comme la Part Dieu, il ne fourmille pas de monuments incontournables.

À l'origine occupé par les bancs de sable du Rhône, il faisait partie de la commune de la Guillotière et fut rattaché à Lyon au même moment. Son urbanisation commença au milieu du XVIIIe siècle. L'aménagement se fit à partir de plans de rues rectilignes. Les Brotteaux devinrent essentiellement résidentiels au XIXe siècle, une partie étant occupée par les ouvriers et l'autre par les bourgeois. On peut aujourd'hui y admirer de fabuleuses maisons de famille au cœur de la ville.

▶ **Parc de la Tête-d'or** (☎ 04 72 69 47 60 ; 🕒 15 oct-14 avr 6h30-20h30, 15 avr-14 oct 6h30-22h30, entrée libre, bus 58 depuis Ⓜ Bellecour, 4 depuis Ⓜ Foch). Situé au nord-est de Lyon, c'est avec ses 105 ha le plus grand parc urbain de France. Il possède 7 entrées. Celle qui se trouve boulevard des Belges est magnifique. Bien qu'on puisse distinguer au loin le bruit des voitures, celui-ci est souvent couvert par le chant des oiseaux. Au petit matin, la tranquillité qui y règne permet même de se rêver à la campagne, surtout aux abords du lac ! En journée bien sûr, surtout le week-end, le ton est différent mais a également son charme, puisque c'est l'un des grands rendez-vous familiaux de la ville. Veillez à ne pas vous installer sur n'importe quelle pelouse : seules certaines d'entre elles sont autorisées au public.

Le parc comprend des roseraies, un jardin botanique et un jardin zoologique. Les multiples variétés de roses des quatre **roseraies** sont très impressionnantes. L'une d'elles offre une myriade d'informations sur l'histoire de cette fleur. Une partie du **jardin botanique** (visites commentées gratuites du lundi au vendredi) provient de l'ancien jardin des plantes des pentes de la Croix-Rousse. Là encore, les variétés de plantes et de fleurs cultivées sont surprenantes.

Le **zoo**, quant à lui, accueille de très nombreuses espèces dont des girafes, des éléphants, des ours et de grands félins. En tout, ce sont 270 mammifères, 200 oiseaux et 80 reptiles qui vivent dans le parc. En cours de finalisation, la plaine africaine devrait héberger des ongulés et des oiseaux africains.

L'**ancienne gare des Brotteaux**, inaugurée en 1908 et désaffectée en 1983, est intéressante. On peut admirer, depuis l'extérieur ou depuis l'un des restaurants qui y ont élu domicile (p. 95), le bâtiment du début du XXᵉ siècle grâce au travail de réhabilitation effectué au cours des six dernières années. Outre les restaurants, l'ancienne gare abrite une salle de vente aux enchères.

Muséum d'histoire naturelle (☎ 04 72 69 05 00 ; 28 bd des Belges, 6ᵉ ; www.museum-lyon.org ; 🕙 mar-dim 10h-18h ; 2,30 €, gratuit le jeudi et tlj moins de 18 ans et avec la Lyon City Card ; Ⓜ Foch ou Masséna). La collection permanente du Muséum est d'une qualité remarquable mais,

---

PERMIS DE JOUER

Casino Le Pharaon (☎ 04 78 17 53 53 ; 70 quai Charles-de-Gaulle, 6ᵉ ; 🕙 tlj 10h-4h ; bus 4 depuis Ⓜ Foch). Si vous êtes en mal d'activités en soirée, vous pouvez toujours tenter une excursion dans le monde du jeu. Situé dans la Cité internationale, ce casino urbain propose aux joueurs 250 machines à sous ainsi que les jeux de table classiques. Le décor se veut d'inspiration égyptienne – plus tendance Las Vegas que Le Caire tout de même…

à cause de la vétusté de ses salles, elle n'est plus accessible au public. Elle est conservée et en partie restaurée dans la perspective d'un transfert vers le futur musée des Confluences (ouverture prévue pour 2008). En attendant, le Muséum continue de proposer des activités culturelles (projections et conférences) et des expositions temporaires sur deux étages. Celles-là sont généralement très intéressantes et combleront les enfants grâce à leur dimension pédagogique : certains parcours font appel à différents sens (vue, ouïe, toucher) et sont ponctués par des questionnaires ludiques. L'endroit idéal pour leur faire cesser de traîner les pieds en entendant le mot "musée" !

LA GUILLOTIÈRE

À la Guillotière, on ne visite ni musées ni monuments. À la Guillotière, on flâne, on s'imprègne d'une atmosphère unique.

Le plus ancien quartier de la rive gauche était à l'origine une commune indépendante qui englobait les actuels quartiers de Gerland et des Brotteaux. Elle devint lyonnaise en 1852. La Guillotière possédait dès le XIe siècle au moins (on suppose la première construction antérieure mais il n'y a pas de certitude) le seul pont qui ralliait cette rive du Rhône à l'autre. Seul point d'accès à la ville, la Guillotière était donc traditionnellement un quartier de voyageurs et d'immigration, ce qu'elle est encore aujourd'hui.

En effet, ce quartier est une mosaïque fascinante de cultures. On trouve autour de la rue Pasteur la communauté chinoise de Lyon, alors que dès que l'on se retrouve dans la rue de Marseille, c'est la communauté maghrébine qui devient majoritaire, mais pas autant que dans la rue Paul-Bert, de l'autre côté du cours Gambetta. Quant à la communauté africaine, sa présence devient plus tangible autour de la Grande-Rue-de-la-Guillotière. Promenez-vous, écoutez les gens parler et vivre, humez les odeurs d'épices, c'est la meilleure façon de savourer le quartier !

MOVE YOUR BODY !

Piscine du Rhône (☎ 04 78 72 04 50 ; 8 quai Claude-Bernard, 7ᵉ ; ⏰ juin-sept lun 12h-20h, mar-dim 10h-20h ; 3,20/2,40 €, vestiaire 1 € ; Ⓜ Guillotière). Il existe une dizaine d'autres piscines à Lyon, mais celle-là ne devrait pas manquer d'attirer votre attention. En extérieur, sur les berges du Rhône, elle est repérable de loin grâce à ses très hautes tours-projecteurs aux allures de navettes spatiales. Outre un cadre exceptionnel, elle possède deux grands bassins, dont un olympique, ainsi qu'un espace pour les plus petits. Son seul défaut : victime de son succès, elle est bondée la plupart du temps.

Skate Park (☎ 04 78 69 17 86 ; 24 allée Pierre-de-Coubertin, 7ᵉ ; ⏰ mar et jeu 19h-22h, mer et ven 14h-18h30 et 19h-22h, sam-dim 14h-18h30 ; 2,50/4 € plus adhésion 10 €). Amateurs de roller, skate et Bmx, vous voici au paradis ! Accessible à tout moment de l'année, le Skate Park situé au sein même du parc de Gerland couvre une surface de 1 540 m² couverts et de 2 520 m² en extérieur. Si vous êtes novice et que vous souhaitez impressionner vos enfants – ou les couvrir de honte, selon vos aptitudes –, des cours de skate sont proposés le mercredi.

AILLEURS SUR LA RIVE GAUCHE

▼ **Centre d'Histoire de la Résistance et de la Déportation** (☎ 04 78 72 23 11 ; 14 avenue Berthelot, 7ᵉ ; ⏰ mer-dim 9h-17h30 ; 3,80/2 €, gratuit moins de 18 ans et avec la Lyon City Card ; Ⓜ Jean-Macé). Cet excellent musée rend à la fois hommage aux Lyonnais et aux Français entrés dans le mouvement, et perpétue un devoir de mémoire ainsi qu'un devoir d'information des plus jeunes. Lyon fut un important centre de la Résistance lors de la Seconde Guerre mondiale, avec, à sa tête, Jean Moulin.

Installé symboliquement dans les locaux de l'ancienne École de santé militaire qui fut occupée par la Gestapo du printemps 1943 à mai 1944, ce centre retrace l'histoire de la Résistance et de la Déportation à travers des documents visuels et sonores tout à fait exceptionnels. Un casque à ondes infrarouges est remis à l'entrée et permet d'entendre discours officiels, extraits de la BBC et témoignages.

Dans la première partie du musée, on évolue à travers l'histoire de la Résistance entre des murs sombres qui symbolisent parfaitement l'atmosphère du secret. Les témoignages écrits, sonores et visuels sont poignants. On peut par exemple écouter des discours du général De Gaulle et voir un film de témoignages de femmes entrées dans la Résistance.

On pénètre ensuite dans une réplique d'un wagon de train pour les camps de concentration. Cette partie du musée est consacrée à la déportation et à la mise en place de la solution finale par les nazis. La suite du parcours emmène le visiteur dans la reconstitution d'un intérieur lyonnais de l'époque, puis dans celle d'une imprimerie clandestine.

Il est aussi possible d'assister à la projection d'extraits du procès de Klaus Barbie et de consulter d'autres témoignages au Centre de documentation, qui possède plus de 40 000 ouvrages.

▶ **Musée urbain Tony-Garnier** (☎ 04 78 75 16 75 ; 4 rue des Serpollières, 8ᵉ ; ■ www.museeurbaintonygarnier.com ; ☺ mar-dim 14h-18h, 1ᵉʳ mai-31 octobre sam 11h-19h ; 6/4 €, gratuit avec la Lyon City Card, visite de l'appartement 2,50 €/gratuit ; tramway T2). Au cœur du quartier des États-Unis, c'est en réalité un ensemble de HLM, conçu par Tony Garnier, qui se visite comme un musée.

L'histoire du musée est presque aussi impressionnante que le site lui-même. L'idée a pris forme en 1985 à l'initiative de l'Opac du Grand Lyon et des habitants des États-Unis, réunis en comité, souhaitant réhabiliter le quartier et rendre hommage à Tony Garnier, célèbre architecte lyonnais (1869-1948). Comme pour le clocher de la Charité (p. 29) ou le Vieux Lyon (p. 43), les Lyonnais ont ici encore fait énormément pour préserver et mettre en valeur leur patrimoine.

Le projet se concrétisa avec l'aide de la Cité de la création, entreprise spécialisée dans les œuvres urbaines. Ses artistes ont créé 25 peintures murales colossales autour de l'œuvre de Tony

À LA PORTE DE LYON

S'amuser

Aquarium du Grand Lyon (☎ 04 72 66 65 66 ; 7 rue Stéphane-Déchant, 69350 La Mulatière ; www.aquariumlyon.fr ; ⏰ hors vacances scolaires mer-dim 11h-19h, vacances scolaires zone A tlj ; adultes/enfants moins de 12 ans/moins d'1 m 12/8 €/gratuit ; en voiture A7 sortie La Mulatière, bus 10 arrêt Pont-de-la-Mulatière depuis Ⓜ Bellecour). Si vous avez épuisé vos enfants au fil des musées et monuments, une petite visite à l'aquarium du Grand Lyon pourra à coup sûr raviver les étincelles dans leurs yeux. Et même si vous n'êtes pas un passionné, il y a fort à parier que les vôtres se mettront rapidement à briller aussi ! Situé à une quinzaine de minutes en bus du centre de Lyon, il propose un parcours dans quatre salles thématiques qui permet d'observer quelque 6 000 poissons. Le tout est élaboré de façon très pédagogique avec des animations visuelles et sonores. On peut aussi assister au nourrissage des poissons (tous les jours à 14h30 pendant les vacances scolaires) et à des plongées avec les requins (jeudi et samedi à 15h30).

Se bouger

Cercle de l'aviron de Lyon (☎ 04 78 29 34 64 ; 12 quai Clémenceau 69300 Caluire ; www.avironlyon.com ; ⏰ lun-sam 9h-20h, dim 9h-12h ; bus 40 arrêt La-Rochette-Cercle-de-l'aviron). Un moyen original de développer une perspective nouvelle sur la ville, tout en se dégourdissant les jambes et les bras. Situé juste à la sortie de Lyon, accessible en bus, le Cercle de l'aviron propose des baptêmes sur la Saône, seul ou à plusieurs (⏰ sept-juin jeunes mer-sam 14h-16h30, adultes sam 9h30-12h, juil-août jeunes lun 9h-12h et 14h-17h, adultes lun 18h-20h30 ; adultes/moins de 18 ans 20 €/gratuit). Pour ceux qui pratiquent déjà l'aviron, des randonnées à l'ambiance amicale et festive sont organisées pendant les week-ends et les jours fériés durant tout l'été. Alors, à vos rames !

Garnier (entre autres, le stade de Gerland, la Cité industrielle et la Halle Tony-Garnier) et du thème de la cité idéale.

On peut aussi visiter un appartement-musée des années 1930, témoin de l'époque et du travail de l'architecte, dans lequel tous les objets ont été donnés par des habitants du quartier.

Musée Lumière (☎ 04 78 78 18 95 ; 25 rue du Premier-Film, 8e ; www.institut-lumiere.org ; ☺ mar-dim 11h-18h30 ; 6/5 €, gratuit avec la Lyon City Card, audioguides 3 € ; Ⓜ Monplaisir ou Lumière). Le cinématographe est né en 1895 à Lyon grâce à Louis Lumière. Il était donc inévitable que la ville consacre un musée à la vie et à l'œuvre des frères Lumière. On entre ici dans un monde magique d'art et de technique, avec 21 salles réparties sur 4 niveaux, au sein même du "Château Lumière" (la maison de famille des frères Lumière), chef-d'œuvre de l'Art nouveau construit en 1900. Toutes ses façades sont différentes. L'immense verrière possède de superbes vitraux. Le 1er étage abrite une maquette de la somptueuse résidence, réalisée par Dan Ohlmann (voir p. 49) au 1/20.

L'exposition permanente retrace l'histoire des inventions de Louis et d'Auguste Lumière au fil d'un parcours thématique. On peut notamment voir au rez-de-chaussée le premier cinématographe, qui projeta à Paris en 1895, devant 33 spectateurs, les dix premiers films de l'Histoire. Le musée propose aussi d'assister à des projections de films et de voir le photorama, appareil qui permet de projeter des photographies à 360°. Les salles sont conçues de manière interactive et même les plus jeunes peuvent partager la fascination des grands pour ces inventeurs devant l'Éternel.

Musée africain de Lyon (☎ 04 78 61 60 98 ; 150 cours Gambetta, 7e ; www.musee-africain-lyon.org ; ☺ mer-dim 14h-18h ; 4,50/3/1,50 €, gratuit avec la Lyon City Card ; Ⓜ Garibaldi). Unique musée en France consacré exclusivement à la culture et à l'art africains. La collection est répartie sur trois étages : vie quotidienne (avec notamment de nombreuses poteries), vie sociale (monnaies, instruments de musique, etc.) et vie religieuse (masques, statuettes, objets de culte). L'ensemble comporte quelques belles pièces et des informations intéressantes mais manque de densité.

67

Se loger

À Lyon, les possibilités d'hébergement sont légion. Profitez au mieux de votre séjour en logeant sur la Presqu'île, sur les pentes de la Croix-Rousse ou dans le Vieux Lyon, la plupart des sites intéressants se trouvant à proximité de ces quartiers. C'est dans le quartier de la Guillotière, relativement proche du centre-ville, que vous trouverez les hébergements les moins chers.

Pour ce qui est des tarifs, l'échelle est très variable. Pendant la basse saison – de mi-juillet à fin août et pendant les vacances scolaires –, les prix peuvent baisser de 30% par rapport à la haute saison. Des réductions sont également accordées dans de très nombreux hôtels le week-end, du vendredi au dimanche soir. Si vous souhaitez séjourner à Lyon pendant la Fête des lumières (autour du 8 décembre), veillez à vous y prendre plusieurs mois à l'avance : la majorité des établissements, hôtels comme chambres d'hôtes, sont réservés avant l'été !

Les prix indiqués dans ce chapitre sont ceux de la moyenne saison et concernent, sauf indication contraire, des chambres avec salle de bains attenante.

LES PETITS PLUS AVEC LESQUELS IL FAUT COMPTER

Tous les hôtels de Lyon doivent facturer une taxe de séjour comprise entre 0,15 et 1,10 € par jour et par personne, en fonction du standing de l'établissement. Sauf indication contraire, cette taxe n'est pas incluse dans les prix mentionnés dans cette rubrique.

Par ailleurs, la plupart des hôtels proposent à leurs hôtes un petit-déjeuner, en salle ou en chambre. Il coûte généralement entre 5 et 11 € pour les établissements de catégories petits budgets et moyenne, et entre 11 et 22 € pour ceux de catégorie supérieure. Dans les chambres d'hôtes, le petit-déjeuner est compris dans le prix, détail à ne pas négliger lorsque l'on compare leurs tarifs avec ceux des hôtels.

LA PRESQU'ÎLE

Si la Presqu'île est à la fois centrale et séduisante pour les touristes, sa partie sud, autour de la gare de Perrache, est loin de posséder les attraits du reste du quartier et y loger ne présente aucun intérêt particulier. Il est préférable de choisir un des hôtels situés autour des stations de métro Hôtel-de-Ville (près de la place des Terreaux), Cordeliers ou Bellecour.

Petits budgets

Hôtel Iris (☎ 04 78 39 93 80 ; www.hoteliris.freesurf.fr ; 36 rue de l'Arbre-sec, 1er ; s/d sdb commune 37/39 €, s/d/tr avec sdb 45/47/61 € ; M Hôtel-de-Ville). Situé dans un ancien couvent, cet hôtel appartient au même propriétaire que Le Boulevardier (p. 70). Accueil sympathique, couloirs à la déco d'inspiration africaine, chambres charmantes (surtout les 13 et 14, plus modernes) et calmes, au mobilier simple et aux couleurs chaleureuses, situation centrale. Que demander de plus ? Peut-être rénover les quelques salles de bains défraîchies ? Exaucé : c'est en cours.

Catégorie moyenne

Hôtel des Célestins (☎ 04 72 56 08 98 ; www.hotelcelestins.com ; 4 rue des Archers, 2e ; s/d sur cour 62/71 €, s/d avec vue 67/73 € ; M Bellecour). Des chambres qui rappellent celles de nos grand-mères, chacune agrémentée d'une petite bibliothèque en bois. La réception, au 1er étage, est coincée entre la cuisine et la salle du petit-déj mais l'accueil est très sympathique. Un bémol : il faut se dévisser le cou pour voir le théâtre depuis les chambres annoncées avec vue.

Hôtel du Théâtre (☎ 04 78 42 33 32 ; www.hotel-du-theatre.fr ; 10 rue de Savoie, 2e ; s/d standard 55/60 €, s/d supérieure 60/66 € ; M Bellecour). À première vue, l'escalier au tapis rouge qui mène à la réception est un peu miteux. Mais cet hôtel, tenu par une équipe jeune et sympa, propose des chambres simples et plaisantes, certaines avec une jolie vue sur le théâtre des Célestins.

Hôtel de Paris (☎ 04 78 28 00 95 ; www.hoteldeparis-lyon.com ; 16 rue de la Platière, 1er ; s/d 45/58 € ; M Hôtel-de-Ville). Une bonne option, très

LE MEILLEUR PLAN

Le Boulevardier (☎ 04 78 28 48 22 ; www.leboulevardier.com ; 5 rue de la Fromagerie, 1er ; s/d 37/45 € ; Ⓜ Hôtel-de-Ville). Vous pensiez les Lyonnais froids et distants ? Un séjour au Boulevardier vous fera définitivement changer d'avis. Cédric, le patron, accueille ses hôtes comme des membres de sa famille et leur communique son amour de sa ville autour d'un bon petit plat (voir p. 81) ou d'un verre. Pour ne rien gâcher, les chambres, simples mais confortables, avec variateurs de lumière et écrans plasma, entièrement rénovées en 2006, sont d'un excellent rapport qualité/prix.

bien située, près de la place des Terreaux. Trente chambres aux couleurs chaudes et confortablement aménagées, dans un bâtiment datant du XIXe siècle. Réception (souriante !) 24h/24. Borne Internet gratuite et espace WiFi.

Hôtel de Bretagne (☎ 04 78 37 79 33 ; www.hoteldebretagne-lyon.com ; 10 rue Dubois, 2e ; s/d/tr/qua 45/52/60/70 € ; Ⓜ Cordeliers). Le seul hôtel une étoile de la Presqu'île mais ni les prix, ni les chambres, ni l'accueil ne valent réellement la peine de loger ici.

Hôtel Moderne (☎ 04 78 42 21 83 ; www.hotel-moderne-lyon.com ; 15 rue Dubois, 2e ; s/d 52/59 € ; Ⓜ Cordeliers). Ne faites pas demi-tour devant l'allure vétuste de l'ascenseur : les chambres, plutôt charmantes, ont la saveur rassurante d'autrefois, avec leur mobilier en bois, leurs rideaux fleuris et leur cheminée (dans toutes les chambres sur rue).

Hôtel Élysée (☎ 04 78 42 03 15 ; www.elysee-hotel.com ; 92 rue Président-Édouard-Herriot, 2e ; s/d 53/67 € ; Ⓜ Bellecour). Ici, le personnel est parfait ; les chambres un peu moins. Certes un peu démodées, elles possèdent néanmoins le confort indispensable et sont impeccables. Évitez celles sur rue, très bruyantes au petit matin.

Hôtel Comfort Saint-Antoine (☎ 04 78 92 91 91 ; www.hotel-saintantoine. fr ; 1 rue du Port-du-Temple, 2e ; simple/standard/privilège 63/69/79 € ; Ⓜ Bellecour). Au bout d'une petite rue peu avenante. Chambres simples et modernes, équipées d'un lit double, avec aux murs des reproductions d'œuvres de grands peintres tels Miró ou Picasso. Toutes sont cependant très petites, même les plus chères. La salle du petit-déjeuner, sous voûte, est superbe. Possibilité de forfait avec visite de Lyon et du Beaujolais (2 nuits pour 2 pers, 420 €).

Hôtel Bayard (☎ 04 78 37 39 64 ; www.hotelbayard.fr ; 23 place Bellecour, 2e ; c/d/tr classique 81,50/93/99,50 €, s/d/tr supérieure 101,5/118/129,5 €, petit-déj inclus ; Ⓜ Bellecour). Cette adresse ne vaut que pour sa situation, sur la place Bellecour. Les chambres vieillottes et défraîchies, sur cour ou sur la place, sont très chères pour leur niveau de confort.

La Résidence (☎ 04 78 42 63 28 ; www.hotel-la-residence.com ; 18 rue Victor-Hugo, 2e ; s/d/tr/qua 73/73/85/95 € ; Ⓜ Bellecour). Si la façade extérieure est peu attractive, vous verrez que le hall et l'accueil qui vous est réservé sont une bonne surprise. Malheureusement, les chambres, certaines avec balcon, sont équipées du nécessaire mais dénuées de charme.

Hôtel des artistes (☎ 04 78 42 04 88 ; www.hoteldesartistes.fr ; 8 rue Gaspard-André, 2e ; s/d standard 80/90 €, s/d privilège 100/110 € ; Ⓜ Bellecour). Une situation centrale près du théâtre des Célestins, mais des chambres sans charme particulier et, du coup, plutôt chères. La moitié a vue sur le théâtre, l'autre sur une petite rue.

Catégorie supérieure

Grand Hôtel des Terreaux (☎ 04 78 27 04 10 ; www.grand-hotel-des-terreaux .fr ; 16 rue Lanterne, 1er ; loge (1 pers)/balcon (1/2 pers)/corbeille (1/2/3 pers) 85/115/130 € ; Ⓜ Hôtel-de-Ville). Très bon rapport qualité/prix, tout spécialement en basse saison, pour des chambres luxueuses. Les plus petites possèdent des meubles en bois exotique et une décoration plus moderne que les autres, au charme classique et élégantes à souhait. Leur seul défaut : l'absence de clim. Mais une baignade dans l'éblouissante piscine intérieure, sous une voûte en pierre, vous aidera sûrement à oublier.

Hôtel Carlton Lyon (☎ 04 78 42 56 51 ; www.accor.com ; 4 rue Jussieu, 2e ; s/d standard 88/123 €, s/d supérieure 136/144 € ; Ⓜ Cordeliers). Les chambres "supérieures", rouge et jaune, sont dans l'esprit de l'hôtel, luxueuses mais l'on s'y sent rapidement à l'aise. La salle de bar est très agréable pour un moment de détente et celle du petit-déj recèle quelques détails absolument incongrus, tels que le coq décoratif sur le buffet, qui ajoute une note décontractée.

Lyon Beaux-Arts (☎ 04 78 38 09 50 ; www.mercure.com ; 73-75 rue du Président-Édouard-Herriot, 2ᵉ ; s/d standard 115/123 €, s/d privilège 126/134 € ; Ⓜ Cordeliers). Rien à dire sur ce trois-étoiles : du hall aux chambres, en passant par l'accueil et la localisation, tout est impeccable. Les chambres "privilège" sont un chouïa plus grandes que les "standard", mais ne valent pas la différence de prix.

Plaza République (☎ 04 78 37 50 50 ; www.mercure.com ; 5 rue Stella, 2ᵉ ; s/d 125/133 € ; Ⓜ Cordeliers/Bellecour). En plein centre-ville près de la place de la République, comme son nom l'indique. Nul besoin de long discours : chambres, service et accueil sont à la hauteur du prix.

Globe et Cecil (☎ 04 78 42 58 95 ; www.globeetcecilhotel.com ; 21 rue Gasparin, 2ᵉ ; s/d 120/150 €, petit-déj inclus ; Ⓜ Bellecour). Un hôtel de charme dans une rue perpendiculaire à la place Bellecour. Les chambres sont très spacieuses et toutes différentes (chacune a une couleur dominante) dans un style raffiné et élégant, avec moulures et parfois cheminée en marbre surmontée d'un grand miroir. Mais la modernité est aussi au rendez-vous avec clim, télé et WiFi.

Boscolo Grand Hôtel (☎ 04 72 40 45 44 ; www.boscolohotels.com ; 11 rue Grôlée, 2ᵉ ; classique/deluxe 158,25/209,95 € ; Ⓜ Cordeliers/Bellecour). Le hall donne le ton : ici tout n'est qu'ordre, beauté, luxe, calme et volupté. Le bar Art déco confirme la première impression. Quant aux chambres, les moins chères sont assez petites en comparaison des "deluxe", très spacieuses. Certaines sont aménagées de façon moderne alors que d'autres sont très classiques avec un petit côté british assez charmant. Préférez celles avec vue sur le Rhône.

LE VIEUX LYON

Le Vieux Lyon comporte un nombre relativement faible d'hébergements et donc peu d'options bon marché. Mais impossible n'est pas lyonnais : c'est paradoxalement là que l'on trouve l'adresse la moins chère de la ville. Les établissements de catégories moyenne et supérieure sont situés principalement autour de la rue Saint-Jean. Et quelques petits bijoux se nichent également sur les hauteurs du Vieux Lyon.

Petits budgets

Auberge de jeunesse (☎ 04 78 15 05 50 ; www.fuaj.org ; 41-45 montée du Chemin-neuf ; à partir de 15,70 €/pers, taxe et petit-déj inclus ; Ⓜ Vieux-Lyon ou funiculaire Minimes). Chambres propres et confortables, cuisine à dispo, accueil sympa, et vue époustouflante sur Lyon, le tout à un tarif imbattable. Mais tout se paie et ici, la monnaie, c'est la sueur : la montée depuis le métro est des plus rudes ; préférez la descente depuis le funiculaire (en service jusqu'à 23h).

Catégorie moyenne

Hôtel Saint Paul (☎ 04 78 28 13 29 ; www.hotelstpaul.fr ; 6 rue Lainerie ; d sdb commune/attenante 45/58 € ; Ⓜ Vieux-Lyon). Dès que l'on arrive, on s'y sent bien, et l'accueil du patron n'y est pas pour rien. Cet hôtel au cœur du Vieux Lyon constitue en outre un très bon rapport qualité/prix, surtout pour les chambres rénovées, pas gigantesques mais impeccables.

Maison d'hôtes La Grange de Fourvière (☎ 04 72 33 74 45 ; www. grangedefourviere.com ; 86 rue des Macchabées, 1/2 pers 60/70 €, forfait week-end 100 €, petit-déj inclus, parking ; Ⓜ funiculaire Saint-Just). Une surprenante ambiance de village à quelques minutes du centre-ville dans cette maison située juste en face de l'église Saint-Irénée et de sa petite place. On y trouve tout le confort moderne, notamment le WiFi. L'une des chambres a un accès indépendant.

Artelit (☎ 04 78 42 84 83/06 81 08 33 30 ; www.dormiralyon.com ; 16 rue du Bœuf ; 90-120 €, petit-déj inclus ; Ⓜ Vieux-Lyon). Une seule chambre ici, mais quelle chambre ! Au pied de la Tour rose, dans une superbe traboule, Frédéric Jean, photographe de son état (son atelier est dans la cour) a superbement aménagé et décoré l'espace de ce petit appartement en rdc. Le cadre compense largement le manque de luminosité. Pensez à réserver longtemps à l'avance : cette adresse est très prisée.

Catégorie supérieure

La Cour des loges (☎ 04 72 77 44 44 ; www.courdesloges.com ; 2-8 rue du Bœuf ; petite mezzanine/classique/supérieure/ste 230/280/350/500 €, garage 30 €/j ; Ⓜ Vieux-Lyon). Si vous voulez passer une nuit de rêve dans un hôtel de luxe, c'est ici et pas ailleurs. Le cadre est tout simplement fabuleux : 4 bâtiments des XIVe, XVIe et XVIIe siècles ont été réunis pour accueillir des chambres exceptionnelles. Les moins chères sont aussi les plus petites mais comportent une mezzanine. Les supérieures ont une baignoire dans la chambre même (et c'est splendide, si, si…). Si vous n'avez pas les moyens d'y loger, prenez un verre au bar pour profiter du décor.

Villa florentine (☎ 04 72 56 56 02 ; www.villaflorentine.com ; 25 montée Saint-Barthélémy ; standard/classique/deluxe/ste 195/310/350/400 € ; Ⓜ Vieux-Lyon). Ce bâtiment du XVIIe siècle domine la ville : la vue depuis la terrasse-restaurant est époustouflante, tout comme le hall avec ses fresques du XVIIIe. Le luxe et le charme sont bien entendu aussi dans les chambres aux meubles d'époque et, pour certaines, aux pierres apparentes.

LES BLANCS DE L'ÉCOLE

Collège Hôtel (☎ 04 72 10 05 05 ; www.college-hotel.com ; 5 place Saint-Paul ; 1er/2e/3e cycle 105/125/140 €, parking 12 €/j ; Ⓜ Vieux-Lyon). Un concept vraiment original. La déco rappelle une école des années 1960 : salle de classe/petit-déj avec bancs d'écoliers et tableau noir, bureau du professeur/bar, photos de classe en noir et blanc… On imagine déjà des chambres au mobilier ancien et à l'atmosphère rétro. Eh bien non ! On découvre des chambres ultramodernes entièrement blanches, des murs au mobilier en passant par le téléphone et le parpaing-table de chevet. On se laisse prendre à la magie du contraste.

LA CROIX-ROUSSE

Le plateau et les pentes de la Croix-Rousse, situés au nord
de la ville, constituent aujourd'hui un quartier branché très
prisé des Lyonnais. Il est vrai que c'est un lieu vivant et très
attractif, où il fait bon résider. On n'y trouve malheureusement
qu'un nombre relativement faible d'hébergements pour les
visiteurs. Nous avons toutefois sélectionné quelques adresses
intéressantes.

Catégorie moyenne

Hôtel de la Croix-Rousse (☎ 04 78 28 29 85 ; hoteldelacroixrousse@wan
adoo.fr ; 157 bd de la Croix-Rousse ; s-d/tr 57/69 € ; Ⓜ Croix-Rousse). Le nom
et l'adresse de cet hôtel vous auront mis sur la voie : il est
parfaitement situé au cœur du quartier de la Croix-Rousse.
Cette localisation et les tarifs pratiqués associés à l'accueil
plus que sympathique font rapidement oublier le manque de
charme des chambres.

POINT DE VUE ARTISTIQUE

Galerie-chambre d'hôte Françoise Besson (☎ 04 78 29 62 05 ou 06
07 37 45 32 ; www.lyonguesthouse.com ; 6 montée Lieutenant-Allouche, 1ᵉʳ ;
s/d/ste/app 38 70/52-80/95 170/390-500 €, petit-déj inclus ; Ⓜ Croix-Rousse).
Une adresse pour un séjour hors du commun. Tout d'abord, grâce
à la vue à 180° sur la ville, à couper le souffle. Ensuite, grâce aux
chambres elles-mêmes, au nombre de 3 : la chambre zen, la blanche
et la rouge. Toutes sont très modernes : parquet au sol, linge de
maison et murs blancs – l'escalier qui mène à la mezzanine de la
chambre rouge est, quant à lui,… rouge. La grande suite inclut les
chambres blanche et rouge et la sdb. L'appartement peut aussi
être loué en entier, avec les 3 chambres, la sdb et la cuisine. Et,
galerie oblige, des tableaux contemporains sont accrochés un peu
partout. Des expositions temporaires sont également organisées
régulièrement.

Catégorie supérieure

Hôtel Lyon Métropole (☎ 04 72 10 44 44 ; www.lyonmetropole-concorde. com ; 85 quai Joseph-Gillet ; classique/junior ste 160-190/190-250 €). Un peu excentré, sur les quais de Saône en direction de l'île Barbe, cet hôtel de luxe ultramoderne accueille une clientèle d'affaires et de sportifs (il possède notamment 2 piscines et 11 courts de tennis). On y trouve aussi le plus grand spa urbain d'Europe (forfait découverte d'une journée pour non-résidents 65 €).

LA PART-DIEU

Le quartier de la Part-Dieu n'est pas le plus charmant, mais il reste relativement central. Il est bien desservi par les transports en commun et a l'avantage d'être à proximité d'une des deux gares SNCF de la ville. L'immense majorité des hôtels situés

---

HOME SWEET HOME

Association chambreslyon.com (☎ 04 72 13 99 35, www.chambreslyon .com, contact@chambreslyon.com ; 30 rue Antoine-Charial, 3ᵉ, 🕓 9h-13h et 16h-20h ; 1/2 pers 45-80/55-80 €, week-end à partir de 75 €). Cette association gère un réseau de chambres d'hôtes et de studios à Lyon et dans les environs pour des séjours d'une nuit à 3 mois. Son site Internet est très bien fait : on peut voir des photos des logements, classés par quartier, et obtenir toutes les informations essentielles. Les tarifs sont dégressifs en fonction du nombre de nuitées et il existe des forfaits week-ends. Le sympathique M. Courtin pourra vous renseigner par e-mail ou par téléphone.

Bed and breakfast Lyon (☎ 04 72 32 02 74 ; www.bb-lyon.com, info@bb-lyon.com ; 1/2 pers 24-43/34-53 €, petit déj inclus). Une autre association, existant depuis 17 ans, qui gère une cinquantaine de chambres d'hôtes et studios confortables et bien équipés un peu partout dans la ville. Là encore, les tarifs sont dégressifs pour plusieurs nuits consécutives.

---

autour de la gare appartiennent à de grandes chaînes et pratiquent des réductions, parfois jusqu'à 30%, le week-end, du vendredi au dimanche soir et en basse saison.

Catégorie moyenne

Chambres d'hôte (☎ 04 72 13 99 35 ; www.chambreslyon.com ; 30 rue Antoine-Charial ; 1/2 pers 50/60 €, forfait week-end 90 €, studio 65 €, forfait week-end 100 €, petit-déj inclus ; Ⓜ Part-Dieu). Didier Courtin vous accueille dans son très bel appartement en duplex avec des bibliothèques impressionnantes dans toutes les pièces et couloirs. Chambres et studios sont décorés simplement et possèdent tout le confort indispensable.

Athéna Part-Dieu (☎ 04 72 68 88 44 ; www.athena-hotel.com ; 45 bd Vivier-Merle ; s/d 56,50/82,50 €, garage 5,80 €/j ; Ⓜ Part-Dieu). À deux pas de la gare (presque littéralement), cet hôtel propose des chambres assez petites mais plutôt agréables et équipées de doubles fenêtres, donc isolées du vacarme du boulevard. Les prix deviennent très intéressants le week-end et en basse saison.

LES BROTTEAUX

Ce quartier s'étend autour de l'ancienne gare des Brotteaux, édifiée entre 1905 et 1908 et dont la rénovation vient de s'achever. Il a l'avantage d'être tout proche à la fois de la gare de la Part-Dieu (à l'est) et du parc de la Tête d'or (à l'ouest), tout en n'étant pas trop éloigné de la Presqu'île.

Catégorie moyenne

Au patio Morand (☎ 04 78 52 62 62 ; www.hotel-morand.fr ; 99 rue de Créqui ; s/d 75-120/80-130 € ; Ⓜ Foch). Comme son nom l'indique, l'hôtel possède un très beau patio où il fait bon prendre son petit-déj quand le ciel est clément. Les chambres les moins chères sont assez petites et leur ameublement basique, mais toutes sont chaleureuses, avec leurs murs jaunes ou rose-orangé. Évitez celles qui donnent sur la rue ou sur le couloir du rdc, bruyantes.

Hôtel du parc (☎ 04 72 83 12 20 ; www.hotelduparc-lyon.com ; 16 bd des Brotteaux, sonner à l'interphone ; s/d 68/126 € ; **M** Masséna/Brotteaux). Tout proche de l'ancienne gare des Brotteaux. Les 23 chambres à la déco identique – mobilier blanc, rideaux et linge de lit aux couleurs chatoyantes – sont douillettes. Attention au bruit qui filtre malgré le double vitrage dans celles qui donnent sur la rue. L'hôtel est entièrement non-fumeur.

Le Roosevelt (☎ 04 78 52 35 67 ; www.hotel-roosevelt.com ; 48 rue de Sèze ; s/d classique 95/105 €, s/d Roosevelt 110/120 €, parking 8 €/j ; **M** Foch). Les chambres classiques sont agréables – moquette rouge, murs blancs et mobilier en bois – ; les Roosevelt en revanche ne ressemblent pas à des suites présidentielles ! Le tout est parfaitement tenu. Les chambres sur cour sont plus chères mais l'absence du bruit de la rue vaut le supplément.

LA GUILLOTIÈRE

À cheval sur les 3e et 7e arrondissements, le quartier de la Guillotière est un mélange de genres assez séduisant. C'est ici que l'on trouve, côte à côte, une forte concentration des populations maghrébine, chinoise et africaine de la ville. Et cette mixité lui confère un charme indéniable.

Petits budgets

Hôtel des facultés (☎ 04 78 72 22 65 ; www.hotel-des-facultes.com ; 104 rue Sébastien-Gryphe ; s/d sdb commune 28/34 €, s/d avec sdb 34/38 €, parking 6 €/j ; **M** Jean-Macé). Un excellent choix si votre budget est limité. Ce n'est pas sûr pas un palace mais les chambres sont propres et assez confortables, à un prix défiant toute concurrence. En plus, l'accueil est très amical.

Hôtel du Helder (☎ 04 78 61 61 61 ; hotelhelder@wanadoo.fr ; 38 rue de Marseille ; s/d 58 €, petit-déj inclus ; **M** Guillotière). Une moins bonne affaire que le précédent mais tout de même très correct pour le prix. En réservant via le site de la SNCF (www.voyages-sncf.com), le prix des chambres débute à 32 € (petit-déj non compris), ce qui devient vraiment avantageux.

Catégorie moyenne

Hôtel de Noailles (☎ 04 78 72 40 72 ; www.hoteldenoailles.fr ; 30 cours Gambetta ; s/d 68/84 €, taxe de séjour et petit-déj inclus, parking 15 €/j ; Ⓜ Saxe-Gambetta). Les chambres de cet hôtel ne sont certes pas ravissantes d'un point de vue purement esthétique, mais elles sont équipées du nécessaire et très calmes (elles donnent sur cour ou sur jardin). Les "suites" pouvant accueillir 5 personnes sont réellement bon marché (160 €). Service et accueil de qualité.

DANS D'AUTRES QUARTIERS

Maison d'hôtes du Greillon (☎ 06 08 22 26 33 ; www.legreillon.com ; 12 montée du Greillon, 9ᵉ ; s/d 72-92/85-100 €, petit-déj inclus ; bus 31 depuis la gare de Lyon-Perrache ou bus 1 depuis la gare de Lyon-Part-Dieu). Un peu à l'écart du centre-ville, mais un cadre d'exception ! Une maison splendide avec un jardin, une terrasse très agréable en été et une vue imprenable sur Lyon. Chaque chambre, désignée par sa couleur dominante, est décorée de façon différente : on y trouve entre autres de grands lustres, des tentures aux murs et des meubles en fer forgé.

Sofitel Lyon aéroport (☎ 04 72 23 38 00 ; www.accorhotels.com , Hall central aérogare ; s/d standard 175/189 €, s/d supérieure 245/263 €). Le seul hôtel de l'aéroport Saint-Exupéry. Tout le confort dans un cadre moderne et les services d'un quatre-étoiles (clim, WiFi, etc.), ainsi qu'un terrain de golf à proximité.

Se restaurer

Lyon capitale gastronomique de la France ? Au vu du nombre de restaurants, on n'en doute pas. On en aurait presque le vertige. Quels que soient vos goûts en matière de cuisine, sachez qu'à Lyon, on trouve de tout et pour toutes les bourses. Il faut quand même s'essayer au moins une fois à un bouchon, établissement traditionnel lyonnais (voir encadré p. 90). On peut aussi tester la cuisine de grands chefs comme Paul Bocuse ou Jean-Paul Lacombe (voir p. 98), ou celle de cuisiniers moins célèbres mais qui méritent néanmoins une visite. On peut manger sur une terrasse à la vue magnifique, au bord de l'eau ou au coin du feu. Finalement, vous constaterez rapidement que l'éventail des possibilités est pratiquement infini : il ne vous reste plus qu'à arrêter votre choix !

LA PRESQU'ÎLE

La Presqu'île est le quartier où l'on trouve le plus de restaurants en général et de bouchons en particulier. Ils sont littéralement alignés dans la rue Mercière (entre la place d'Albon et la place des Jacobins) et dans la rue des Marronniers (près de la place Bellecour), et, bien que fréquentés par beaucoup de touristes, un certain nombre accueille aussi des habitués, gage d'une ambiance conviviale et d'une cuisine de qualité.

Petits budgets

L'Épicerie (☎ 04 78 37 70 85 ; 2 rue de la Monnaie, 2ᵉ ; tartines 3,70-5,90 € ; soupes 3,90 € ; 🕐 mar-dim ; Ⓜ Cordeliers). Une ambiance décontractée, des tartines à prix imbattables, des desserts alléchants et des glaces artisanales. Tout ça dans le décor d'une épicerie d'antan, avec des boites en fer sur les étagères en bois et un vieux buffet.

Appelez-moi Rose (☎ 04 78 28 41 98 ; 36 rue de l'Arbre-sec, 1ᵉʳ ; plats 8-11 € ; 🕐 tlj sauf sam midi et dim en août ; Ⓜ Hôtel-de-Ville). Batracophobes s'abstenir ! Ici, la spécialité, ce sont les grenouilles, et quand on y goûte, on comprend pourquoi. L'ardoise-menu comporte

UN CHEF QUI A DU NEZ

Le Casse-Museau (☎ 04 72 00 20 52 ; 2 rue Chavanne, 1er ; plats 10-13,90 € ; menu déj 12,90 € ; 😊 mar-sam ; Ⓜ Hôtel-de-Ville). Une très bonne adresse pour déguster un plat lyonnais traditionnel accompagné d'un bon vin. Le patron est un connaisseur et vous conseillera un bon cru, d'un petit ou d'un grand exploitant. Le cadre est un savant mélange de boiseries, qui le feraient plutôt pencher vers le bouchon, et de murs roses, qui l'en démarquent complètement. Le tout est rempli d'habitués un rien bruyants qui participent activement à la bonne ambiance qui règne alentour.

également quelques plats qui changent deux à trois fois par semaine et des salades servies dans d'immenses saladiers. Le tout dans un décor à dominante rose, forcément.

L'Arrosoir (☎ 04 78 39 57 57 ; 25 rue de l'Arbre-sec, 1er ; plats 8-11 € ; 😊 tlj ; Ⓜ Hôtel-de-Ville). Tout au bout de la rue de l'Arbre-sec, une devanture jaune facile à repérer. À moins que vous ne vous laissiez guider par la bonne ambiance qui s'en dégage. Au menu : salades et tartines, bonnes et pas chères. Un défaut : la lenteur du service.

Catégorie moyenne

Le Boulevardier (☎ 04 78 28 48 77 ; 5 rue de la Fromagerie, 1er ; plats 8-20 €, menus 13-19,50 € ; 😊 lun-sam ; Ⓜ Hôtel-de-Ville). Habitués, touristes de passage et résidents de l'hôtel situé juste au-dessus se mélangent allègrement pour créer une ambiance de cantine dans la salle chaleureuse au plafond très haut. Mais la comparaison s'arrête là : bien loin de rappeler la cantine de votre enfance, la cuisine, française, y est excellente. Si le chef cuisine son fameux sauté d'agneau aux olives, n'hésitez pas !

Le Shalimar (☎ 04 78 42 18 20 ; 39 quai Gailleton, 2e ; plats à partir de 5,50 €, menus 18-22 € ; 😊 tlj soir uniquement ; Ⓜ Ampère). De la cuisine indienne comme on l'aime : les plats sont relevés mais on ne craint pas de prendre feu pour autant. Du coup, on (re)trouve toutes les saveurs de l'Inde. La déco, avec la fontaine centrale, ajoute une touche de couleur locale sans tomber dans le kitsch intégral, et le service est parfait.

Brasserie Georges (☎ 04 72 56 54 54 ; 30 cours de Verdun, 2ᵉ ; plats 14-21,50 €, menus 19,50-24,50 € ; ☺ tlj ; Ⓜ Perrache). Une institution lyonnaise s'il en est. La salle Art déco, avec ses fresques et ses lustres des années 1920, peut accueillir 500 couverts. Au choix, choucroutes généreuses ou spécialités lyonnaises. Ici, on annonce fièrement que l'on préfère le fumet à la fumée : la salle est entièrement non fumeur.

Restaurants de la famille Chabert. Une famille lyonnaise pas comme les autres, les Chabert. Une famille de gastronomes amoureux de la cuisine lyonnaise, qui a ouvert trois restaurants thématiques dans la rue des Marronniers. Viandes, poissons ou bouchon traditionnel, à vous de voir ! Cuisine succulente, accueil chaleureux et cadre pittoresque garantis.

Le Bouchon des carnivores (☎ 04 78 42 97 69 ; 8 rue des Marronniers, 2ᵉ ; plats 10-18 €, menus déj/dîner 12,50/16,50-35 € ; ☺ tlj ; Ⓜ Bellecour). Comme son nom l'indique, ce bouchon à la devanture rouge est spécialisé dans les plats de viande. Vous laisserez-vous tenter par son célèbre pot-au-feu géant ?

La Cabane du pêcheur (☎ 04 72 41 88 78 ; 9 rue des Marronniers, 2ᵉ ; plats 10-18 €, menus déj/dîner 12/16-28,50 € ; ☺ lun-sam ; Ⓜ Bellecour). Les tons bleus et la paillasse en paravent à l'entrée donnent le ton : ce petit restaurant met à l'honneur les produits de la mer. Au menu : poissons, coquillages et crustacés.

Chabert et Fils (☎ 04 78 37 01 94 ; 11 rue des Marronniers, 2ᵉ ; menus déj/dîner 12/16,50-33 € ; ☺ tlj ; Ⓜ Bellecour). Devanture verte et décor typique pour ce bouchon traditionnel qui propose une excellente cuisine lyonnaise.

Le Sud (☎ 04 72 77 80 00 ; 11 place Antonin-Poncet, 2ᵉ ; plats 14-29,50 €, menu 26,90 € ; ☺ tlj ; Ⓜ Bellecour). Excellente cuisine d'inspiration méditerranéenne, de la moussaka au tajine, signée Bocuse, servie par une équipe irréprochable. Le cadre à dominante jaune et bleu n'a rien d'exceptionnel mais le rapport qualité/quantité/prix du menu (entrée, plat, fromage et dessert), si.

Le Gailleton (☎ 04 78 38 70 70 ; 5 place Gailleton, 2e ; plats 11,20 €, menu 22,80 € ; mar-sam ; M Ampère). Ce restaurant du chef Jean-Paul Lacombe propose une cuisine simple et de qualité, bien que péchant quelque peu sur la quantité. Les menus sont élaborés en fonction des produits du marché du jour. À tester : le brick de rouget et la cuisse de canard. Superbe vue sur les ensembles architecturaux de la fin du XIXe siècle des universités lyonnaises depuis la terrasse.

Le Nord (☎ 04 72 10 69 69 ; 18 rue Neuve, 2e ; plats 12,30-28,50 € ; tlj ; M Cordeliers). Un autre établissement de Bocuse, consacré cette fois-ci à la cuisine de tradition lyonnaise. Si vous êtes novice en la matière, l'assiette de lyonnaiseries suivie de quenelles vous offrira un bon panorama de la gastronomie locale, version chef étoilé. La grande salle est aux couleurs de la devanture : murs verts et plafond rouge.

Nohoru (☎ 04 78 42 35 79 ; 28 rue Henri-Germain, 2e ; plats 5,50-15,50 €, menus 14-28,50 € ; lun-sam ; M Cordeliers). Beaucoup le considèrent comme le meilleur japonais de la ville. Il est en tous cas d'un très bon rapport qualité/prix. Le décor noir et blanc, très design, plonge dans une ambiance très japonisante, idéale pour savourer les innombrables sushis et yakitoris à la carte ainsi que, pour les plus téméraires, le sorbet aux haricots rouges.

La Koutoubia (☎ 04 78 39 06 57 ; 13 rue Hippolyte-Flandrin, 1er ; plats 12,50-16,50 € ; jeu-sam midi, lun-sam soir ; M Hôtel-de-Ville). Plus qu'une invitation au voyage, c'est un véritable plongeon au cœur du Maroc qui s'opère en franchissant le seuil de La Koutoubia. Le décor – fontaine à l'entrée, banquettes avec coussins et fresques –, comme les plats marocains traditionnels, est aussi authentique que dépaysant.

Le Café des Fédérations (☎ 04 78 28 26 00 ; 10 rue Major-Martin, 1er ; menus déj 19,50-30 € ; lun-ven ; M Hôtel-de-Ville). L'un des bouchons préférés des Lyonnais et on les comprend, car c'est aussi l'un des plus authentiques. Admirez les grandes saucisses sèches qui pendent devant le comptoir. Toutes les spécialités sont au menu : tête de veau, tablier de sapeur, gras-double et andouillettes. Et même les plus timorés devraient apprécier les cochonnailles servies ici.

PETIT GUIDE CULINAIRE DE SURVIE POUR NON-INITIÉS

Nombre de spécialités lyonnaises sont connues, comme les andouillettes grillées à la moutarde ou les tartes aux pralines. Pourtant, les menus restent parsemés de noms déconcertants et/ou dont la composition exacte reste un mystère. Quelques indices :

Saucisson chaud : comme son nom l'indique, consommé chaud… une fois n'est pas coutume. Le saucisson est bouilli et servi en entrée avec des pommes de terre cuites dans le même bouillon. Il est souvent pistaché (c'est-à-dire garni de pistaches) et peut même être cuit dans une brioche.

Gras-double : membrane d'estomac de bœuf (sorte de tripes). Soit, ça ne fait guère plus envie que le nom. Pourtant, en salade ou rissolé au beurre avec des oignons, c'est une agréable surprise.

Tablier de sapeur : gras-double mariné dans du vin blanc puis pané et frit.

Quenelles : natures, elles sont faites à base de semoule de blé dur ou de farine, d'œufs et de lait. On y ajoute le plus souvent de la chair de brochet haché.

Cervelle de Canut : ouf, ce n'est que du fromage. Il s'agit de fromage blanc battu avec de la crème fraîche, de l'huile d'olive, du vinaigre et du vin blanc. On y ajoute ail, échalotes, ciboulette, persil, sel et poivre.

Bugnes : bandes de pâte frites et saupoudrées de sucre. Elles prennent d'assaut les vitrines des boulangeries quand arrive la "saison des bugnes" (si, si…), aux alentours de Mardi gras.

Oreillettes : bugnes.

Pogne : brioche originaire du Sud-Est, devenue un favori des Lyonnais.

Le Stépharo (☎ 04 78 37 45 93 ; 30 rue Tupin, 2ᵉ ; plats 9-17,80 €, menus déj/dîner 14,90/19,90-26,90 € ; ☽ lun-sam ; Ⓜ Cordeliers). On est loin des bouchons attrape-touriste et on le sait à peine entré : l'accueil est particulièrement chaleureux et l'atmosphère typiquement lyonnaise. Le cadre est traditionnel et la cuisine excellente et particulièrement roborative : à réserver pour une très très grosse faim.

Brunet (☎ 04 78 37 44 31 ; 23 rue Claudia, 2ᵉ ; plats 10-25 €, menus déj/dîner 16/21-27 € ; ☽ mar-sam ; Ⓜ Cordeliers). Petit bouchon mais grande cuisine. Le chef, Gilles Maysonnave, a été primé à plusieurs reprises et ça ne doit rien au hasard. On y trouve les habituelles spécialités lyonnaises mais aussi du gibier en saison, des grenouilles ou encore des escargots.

Le Jura (☎ 04 78 42 20 57 ; 25 rue Tupin, 2ᵉ ; plats 12,50-15,80 €, menu 19,80 € ; ✆ mar-sam ; Ⓜ Cordeliers). Un autre grand classique des amateurs de bouchons et une réputation qui n'est plus à faire. Dans un décor de boiseries et de faux marbre qui semble n'avoir pas bougé depuis les années 1950, savourez quelques spécialités lyonnaises en partageant vos impressions avec vos voisins de table.

La Mère Jean (☎ 04 78 37 81 27 ; 5 rue des Marronniers, 2ᵉ ; plats 7,50-20 €, menus déj/dîner 11/14-32 € ; ✆ mar-sam ; Ⓜ Bellecour). La tradition des mères lyonnaises (voir encadré p. 96) est encore bien vivante. Ici, vous n'êtes pas un client mais un invité. Et ce bouchon de la rue des Marronniers sert une cuisine de qualité sans ruiner ses hôtes.

Café comptoir Abel (☎ 04 78 37 46 18 ; 25 rue Guynemer, 2ᵉ ; plats 14-29 €, menus déj/dîner 17/24-31 € ; ✆ mar-sam ; Ⓜ Ampère). Certains restaurants laissent une empreinte indélébile sur la mémoire gustative et Abel est définitivement de ceux-ci. Vos papilles se souviendront longtemps des quenelles et de la salade lyonnaise. De même que vous vous remémorerez avec plaisir la salle et ses boiseries, ainsi que le service, parfait.

Le Bistrot de Lyon (☎ 04 78 38 47 47 ; 64 rue Mercière, 2ᵉ ; plats 11,40-17,70 €, menus déj/dîner 16,50/26,50 € ; ✆ tlj ; Ⓜ Cordeliers). Quittez les touristes de la rue Mercière pour entrer dans une brasserie de la Belle Époque avec rampes en cuivre et grands miroirs. Bon, les touristes sont aussi à l'intérieur, c'est vrai. Mais vous pourrez vous laisser subjuguer par l'agitation qui y règne en attendant votre plat lyonnais signé Jean-Paul Lacombe.

Momento Sapori e Vini (☎ 04 78 37 00 54 ; 4 rue Fleurieu, 2ᵉ ; plats 10,50-21 €, menus 28-36 € ; ✆ mar-sam ; Ⓜ Ampère). Un restaurant italien pas comme les autres. Ici, pas de pizzas mais des plats fins élaborés à partir de produits importés d'Italie. À la lecture de la carte, on salive déjà en imaginant les raviolis à la truffe blanche accompagnés d'un bon vin italien, que l'on savourera dans un cadre chaleureux aux murs en pierre apparente, assis sur un siège en cuir noir ou une banquette.

Le Petit Léon (☎ 04 72 10 11 11 ; 3 rue Pleney, 1er ; menu 22 € ; 🕐 mar-sam midi uniquement ; Ⓜ Cordeliers). Plafond d'inspiration Art déco, murs recouverts de photos, collection de carafes : Le Petit Léon est une annexe version bistrot, et donc bien meilleur marché, de Léon de Lyon, le restaurant gastronomique de Jean-Paul Lacombe. Les viandes, telles que le jambon braisé, y sont tout particulièrement bonnes.

Bouchon de l'Opéra (☎ 04 78 28 49 47 ; 13 rue Terraille, 1er ; plats 12-20 € ; 🕐 lun et mer-ven midi, lun-sam soir ; Ⓜ Hôtel-de-Ville). Juste avant d'arriver à l'hôtel de ville en descendant depuis la Croix-Rousse. Un bouchon typique avec tables et chaises de bistrot, nappes à carreaux et vieux rideaux aux fenêtres. À la carte, tous les plats traditionnels du genre, mais également des grenouilles fraîches en été (uniquement sur réservation).

Chez Paul (☎ 04 78 28 35 83 ; 11 rue Major-Martin, 1er ; menus déj/dîner 16/22,50 € ; 🕐 lun-sam ; Ⓜ Hôtel-de-Ville). À deux pas de la place des Terreaux, un petit bouchon au décor typique, fréquenté à la fois par une foule d'habitués du quartier et par des touristes à la recherche d'une cuisine authentiquement lyonnaise. Et tous repartent rassasiés et satisfaits.

DANS LA COUR DES GRANDS

La Cantine des Sales Gosses (☎ 04 78 27 65 81 ; 5 rue de la Martinière, 1er ; plats 15-22 €, menus 20 € (sauf ven-sam)-34 € ; 🕐 mar-sam soir uniquement ; Ⓜ Hôtel-de-Ville). Ambiance "retour à l'enfance" mais grande cuisine, tel est le concept de cette cantine. Dans la salle, de grands canapés roses, aux murs de drôles de masques, et sur les tables des sets-tapis d'éveil multicolores. En revanche, quand il s'agit de manger, on passe dans la cour des grands avec des plats comme le roulé au filet de bœuf, foie et magret de canard. Il y a aussi une entrée, un plat et un dessert surprise. Si vous choisissez l'un deux, sachez qu'il faut aller jusqu'au bout du concept : impossible d'obtenir un indice des serveurs, même sous la menace.

Ynitial (☎ 04 78 42 14 14 ; 14 rue Palais-Grillet, 2ᵉ ; plats 11-14 €, menus 22-29 € ; 🕐 lun-sam ; Ⓜ Cordeliers). Le grand réfrigérateur rose à l'entrée vous met dans l'ambiance et vous prépare à la déco très design de l'intérieur. La carte est dans le même esprit, proposant une cuisine fusion spécialisée dans les plats au wok. Le lieu idéal pour s'initier à cette cuisine à la mode.

La Voile (☎ 04 78 38 48 38 ; 12 quai Maréchal-Joffre, 2ᵉ ; plats 6,90-19,70 €, menus déj/dîner 12,80-16/26 € ; 🕐 tlj jusqu'à 3h ; Ⓜ Perrache ou Ampère). En été, la terrasse en caillebotis de La Voile fait oublier la ville et vous transporte à la plage, sable, transats et parasols inclus. La carte propose salades et plats classiques mais bons. Spécial gros mangeurs : la côte de bœuf d'un kilo (48 €).

Catégorie supérieure

La Commanderie des Antonins (☎ 04 78 37 19 21 ; 30 quai Saint-Antoine, 2ᵉ ; plats 14,50-18,80 €, menu déj 19,90 € ; 🕐 lun soir-sam ; Ⓜ Cordeliers). Amoureux en quête d'un dîner aux chandelles, faites une halte dans cette institution lyonnaise spécialisée dans la cuisine au feu de bois. De délicieux plats de viande sont servis dans une salle du XIIIᵉ siècle avec des petites chapelles sous voûte, une cheminée et un grand four à bois.

Les Muses de l'Opéra (☎ 04 72 00 45 58 ; 1 place de la Comédie, 1ᵉʳ ; plats 18-20 €, menus déj/dîner 19-25/29 € ; 🕐 lun-dim ; Ⓜ Hôtel-de-Ville). Au septième étage de l'Opéra, le cadre idéal pour un dîner romantique. La vue sur Lyon depuis la terrasse (ou la baie vitrée en cas de grand froid) est sublime et le décor design est en harmonie avec l'architecture de l'édifice. Quant à la cuisine, française, elle est raffinée, particulièrement les plats de poisson.

L'Étage (☎ 04 78 28 19 59 ; 4 place des Terreaux, 1ᵉʳ ; plats 18-28 €, menus déj/dîner 22/33-58 € ; 🕐 mar-sam ; Ⓜ Hôtel-de-Ville). On entre à L'Étage assez logiquement par un grand escalier qui mène dans une salle feutrée à dominante rouge. Et l'on plonge instantanément dans une ambiance luxueuse. La cuisine est à la hauteur du cadre : tentez le foie gras poêlé, les noix de Saint-Jacques ou le menu de homard (58 €, à commander à l'avance). Réservation indispensable.

Thomas (☎ 04 72 56 04 76 ; 6 rue Laurencin, 2ᵉ ; plats midi/soir 10/17 €, menus déj/dîner 13-16/35 € ; 🕒 mar-sam ; Ⓜ Ampère). Un restaurant parfait pour un dîner à deux. La lumière tamisée, les paravents et les nappes blanches sur les tables créent une atmosphère feutrée et raffinée. Raffinée est aussi l'adjectif qui s'applique le mieux à la cuisine préparée par un chef qui ne semble jamais en mal d'inspiration. Le gratin de légumes confits, par exemple, est un pur délice.

Pause gourmande

Cha Yuan (☎ 04 72 41 04 60 ; 7-9 rue des Remparts-d'Ainay, 2ᵉ ; 🕒 lun 14h-19h, mar-sam 10h-19h ; Ⓜ Perrache). Dans un décor sobre – plafond aux poutres apparentes, parquet, meubles en bois et porcelaine de Chine –, on remarque surtout les innombrables boîtes de thé. Plus de 300 variétés à découvrir et éventuellement acheter. Mais aussi et surtout de précieux conseils pour guider ses sens et ses envies vers le bon choix.

Nardone (☎ 04 78 27 90 28 ; 9 place Tobie-Robatel, 1ᵉʳ ; 🕒 tlj 9h-24h ; Ⓜ Hôtel-de-Ville). Voir le commentaire p. 91.

GRIGNOTTING BIO

Confidences (☎ 04 78 37 07 02 ; 8 rue de Fleurieu, 2ᵉ ; 🕒 mar-sam 10h-19h ; Ⓜ Bellecour). L'ambition du lieu : offrir aux clients un moment de détente dans un cadre cosy avec fauteuils, chaises brocantées, banquettes, murs en pierre apparente et déco design tendance chaleureuse (au sous-sol). Le tout en favorisant le commerce équitable et le développement durable. Une fois confortablement installé, vous aurez le choix entre 60 thés et infusions du monde, des cafés et des jus de fruits frais. Pour accompagner les boissons : des assiettes sucrées ou salées pour caler une petite faim. Et comme on est bien détendu, on en profite pour jeter un œil à l'artisanat et aux cosmétiques bio qui sont exposés et vendus au rdc. Clarisse, la charmante propriétaire, se fera un plaisir de vous informer sur les produits et leur origine.

LE VIEUX LYON

Les quartiers de Saint-Jean et de Saint-Paul, qui forment le très touristique Vieux Lyon, comportent un nombre impressionnant de bouchons. Malheureusement, une grande partie d'entre eux sert à la chaîne des plats de qualité médiocre aux touristes qui s'y pressent. Toutefois, quelques bons établissements traditionnels, ainsi que d'autres types de restaurants, y sont aussi installés.

Catégorie moyenne

Aux Trois Maries (☎ 04 78 37 67 28 ; 1 rue des Trois-Maries, 5ᵉ ; plat du jour 9 €, menus 18-38 € ; ☾ lun-sam soir ; Ⓜ Vieux-Lyon). L'un des trop rares bons bouchons du Vieux Lyon. Fréquenté autrefois par Éluard et Aragon, c'est un des plus vieux de la ville. Si l'intérieur n'a rien d'exceptionnel (préférez la terrasse si le temps le permet), la cuisine, elle, est parfaite pour découvrir les spécialités lyonnaises.

Pique-assiette (☎ 04 78 37 38 78 ; 4 rue de la Baleine, 5ᵉ ; plats 12,50-18 €, menus déj 12,75-16 € ; ☾ tlj ; Ⓜ Vieux-Lyon). Quelques détails douteux dans la décoration (notez la reproduction de la tapisserie de Bayeux…) et une musique très années 1980, sont bien là les seuls défauts de ce restaurant situé au cœur du Vieux Lyon. La cuisine, française, y est excellente (divines côtelettes d'agneau), et le personnel aimable.

Le Tire-bouchon (☎ 04 78 37 69 95 ; 16 rue du Bœuf, 5ᵉ ; menus 18-23 € ; ☾ tlj midi, mar-sam soir ; Ⓜ Vieux-Lyon). Plats copieux et bon accueil dans cet autre bouchon du Vieux Lyon au décor classique. Malgré une forte fréquentation touristique, les plats n'ont pas perdu de leur superbe. Vous pourrez vous essayer aux quenelles de brochet, andouillettes et autres spécialités parmi lesquelles la tarte au boudin, à ne manquer sous aucun prétexte.

La Tour rose (☎ 04 78 92 69 10 ; 22 rue du Bœuf, 5ᵉ ; lounge plats 7-15 €, menu 17 € ; brasserie plats 12-28 €, menu 29 € ; ☾ lun soir-sam ; Ⓜ Vieux-Lyon). Depuis mars 2006, fi du restaurant de luxe ! Place au lounge (au rdc) et à la brasserie (au 1ᵉʳ et sur la terrasse en été). On peut regretter l'institution, mais le cadre est toujours somptueux, au cœur du Vieux Lyon, face à la superbe Tour rose, évidemment. Et on

---

À LYON, POUSSEZ LE BOUCHON !

Tenez-vous le pour dit, il est absolument inconcevable de séjourner à Lyon sans faire l'expérience d'un bouchon, et loin de nous l'idée de vous entraîner aux heures de pointe sous le tunnel de Fourvière. Autrefois, le mot "bouchon" aurait désigné les auberges où les chevaux étaient "bouchonnés" (soignés). On parle aussi d'établissements où l'on pouvait boire du vin en dehors des repas, repérables grâce au bouchon accroché à leur enseigne. Aujourd'hui, plus de doute, c'est un restaurant traditionnel, avec boiseries, nappes à carreaux et photographies aux murs, à l'ambiance conviviale et qui affiche au menu toutes les spécialités lyonnaises.

---

prend plaisir à savourer des plats raffinés à des prix beaucoup plus abordables qu'avant.

L'Île de Gorée (☎ 04 78 28 57 61 ; 17 rue Juiverie, 5ᵉ ; plats 10-18 € ; ☺ lun-dim midi ; Ⓜ Vieux-Lyon). Plus qu'un dépaysement, un véritable voyage en Afrique sans quitter le Vieux Lyon. Voyage gustatif plus que visuel… mais qu'importe. Ce restaurant sénégalais, tenu par des propriétaires plus qu'accueillants, a pour spécialités le jus d'hibiscus et le poulet yassa (poulet grillé servi avec du riz et une marinade à base d'oignons, de citron et de piment).

Le Sambahia (☎ 04 78 37 82 10 ; 13 rue Doyenné, 5ᵉ ; plats 20-22 €, menu 24 € ; ☺ lun-ven midi, lun-sam soir ; Ⓜ Vieux-Lyon). Cuisine brésilienne à déguster au son de la samba et du forró. Novices, essayez le *bobo de camaro* (crevettes au manioc, lait de coco, tomates et riz). L'accueil chaleureux et l'ambiance festive, tout particulièrement en soirée, font bien vite oublier que le cadre et le mobilier en rotin ne sont pas des plus originaux.

Sol café (☎ 04 72 77 66 69 ; 28 rue du Bœuf, 5ᵉ ; plats 11-21,50 € ; ☺ mer soir-lun ; Ⓜ Vieux-Lyon). Entouré de bouchons au cœur du Vieux Lyon, vous mourez d'envie de manger une bonne paella ? Eh bien, contre toute attente, vous êtes dans le bon quartier, car c'est ici qu'est préparée la meilleure cuisine espagnole de la ville.

TUTTI SPICY

Happy Friends Family (☎ 04 72 40 91 47 ; 29 rue du Bœuf, 5ᵉ ; plats 17 €, menus 23-27 € ; 🕑 jeu-sam soir uniquement ; M Vieux-Lyon). Les propriétaires de ce restaurant au mobilier en bois et aux murs en pierres apparentes ont rapporté de leurs voyages un goût prononcé pour les mélanges et les épices. Goût qu'ils s'efforcent de faire partager à leurs hôtes le temps d'un dîner. Cela nous donne, entre autres, le fameux nougat de chèvre. Pour le dessert, le mille-feuilles aux fraises est une valeur sûre.

La chaleur de l'Espagne parvient même à gagner ce restaurant à travers ses couleurs dominées par le jaune et le vert et ses grandes plantes qui ornent le tout.

La Contretête (☎ 04 78 29 41 29 ; 55 quai Pierre-Scize, 5ᵉ ; plats 12-16 €, menu déj 16 € ; 🕑 lun-ven midi, lun-sam soir). Comme d'autres grands cuisiniers lyonnais, les propriétaires du **Têtedoie** (ci-dessous) ont ouvert une enseigne bistrot plus abordable. Dans un décor qui rappelle une salle à manger d'antan à force de porcelaine et de bocaux, on mange une cuisine aux saveurs subtiles, comme le gâteau d'aubergine farci à l'épaule d'agneau confite aux épices.

Catégorie supérieure

Têtedoie (☎ 04 78 29 40 10 ; 54 quai Pierre-Scize, 5ᵉ ; plats 28-30 €, menus 44-80 € ; 🕑 lun-ven midi, lun-sam soir ; bus 31, arrêt Pierre-Scize depuis M Vieux-Lyon). Un restaurant gastronomique réputé où l'on peut déguster une savoureuse cuisine française. Le décor est simple, avec des bouquets sur les tables et des vitrines exposant de la porcelaine. Le foie gras de canard poêlé est un vrai régal. Christian et Florence Têtedoie sont aussi les propriétaires de la Contretête, juste à côté (voir plus haut).

Pause gourmande

Nardone (☎ 04 78 28 29 09 ; 3 place Ennemond-Fousseret, 5ᵉ ; 🕑 tlj 9h-24h ; M Vieux-Lyon). L'un des plus anciens et des plus célèbres glaciers de

Lyon. Deux enseignes, la première dans le Vieux Lyon et une autre, plus récente, entre l'hôtel de ville et la place Sathonay (voir p. 88). Les coupes ne sont pas seulement alléchantes, elles sont très bonnes, mais, depuis quelque temps, les portions semblent diminuer à mesure que les prix augmentent. Et c'est bien dommage.

LA CROIX-ROUSSE

Les pentes de la Croix-Rousse forment le quartier le plus branché de Lyon et comportent, en toute logique, quelques bonnes adresses à la mode. On y trouve également d'excellents petits restaurants plus populaires.

Petits budgets

Le Palais de la Bière (☎ 04 78 27 94 00 ; 1 rue Terme, 1er ; moules-frites + pression 13,50 € ; ☾ mar-jeu 18h-1h, jeu-sam 18h-3h ; Ⓜ Hôtel-de-Ville). Comme son nom l'indique, la spécialité du lieu, c'est la bière (voir p. 105). Le Palais de la bière est aussi l'établissement qui sert les meilleures moules-frites de la ville, que l'on se plaît à déguster dans une ambiance bon enfant. Les allergiques au football s'abstiendront les soirs de match.

Les Feuillants (☎ 04 78 28 20 50 ; 5 Petite-Rue-des-Feuillants, 1er ; plats 9,50-11,50 €, menus 13,50-17 € ; ☾ mar-ven midi, lun-sam soir ; Ⓜ Croix-Paquet). Un sympathique établissement *gay friendly* à l'ambiance animée, surtout le soir. La carte fera le bonheur des piscivores mais

---

DU PAIN, DU VIN, DES PETITS SOINS

Le Comptoir du vin (☎ 04 78 39 89 95 ; 2 rue Belfort, 4e ; plats 7-9 €, pas de CB ; ☾ lun-sam midi ; Ⓜ Croix-Rousse). Ce petit bistrot populaire ne paie pas de mine mais c'est l'un des meilleurs rapports qualité/prix de la Croix-Rousse. Ici, on accueille avec la même chaleur le touriste égaré et la foule hétéroclite des habitués. Tous ont droit à des plats français simples et bon marché, accompagnés du petit verre de vin qui fait du bien.

---

que les carnivores se rassurent, quelques succulentes viandes, comme la biche, sont également au menu.

Catégorie moyenne

Le Montana (☎ 04 78 28 54 06 ; 26 rue Jean-Baptiste-Say, 1er ; plats 9-15,50 € ; 🕙 lun-sam ; Ⓜ Croix-Rousse). La vue sur Lyon depuis la terrasse de ce restaurant accroché aux pentes de la Croix-Rousse est à couper le souffle. Et les spécialités berbères qu'on y sert sont à tomber. Abandonnez-vous aux pastillas et aux couscous sans inquiétude : l'addition, elle, ne vous fera pas tourner de l'œil. Réservation nécessaire.

La Table d'Agathine (☎ 04 78 30 51 40 ; 2 rue de Belfort, 4e ; plats 16-25 €, menus déj 12,90-16 € ; 🕙 lun-ven et sam soir uniquement ; Ⓜ Croix-Rousse). La bonne surprise de ce restaurant, c'est sa terrasse à l'arrière, pleine de verdure. À l'écart de l'agitation du quartier, on peut y savourer tranquillement de bons petits plats, qui gagneraient à être un peu plus copieux.

L'Escale des saveurs (☎ 04 72 07 82 61 ; 3 rue Louis-Vitet, 1er ; menus déj/dîner 11/19-22 € ; 🕙 lun-ven midi, jeu-sam soir ; Ⓜ Hôtel-de-Ville). Situé tout près de la place Sathonay, ce restaurant sert des plats qui font autant pétiller les yeux que frétiller les papilles. Les menus changent régulièrement et font voyager les clients d'une région ou d'un continent à l'autre, de la Bretagne à l'Asie, de la Corse à l'Afrique, et bien d'autres encore, pour leur plus grand plaisir.

Les Chats siamois (☎ 04 78 39 34 72 ; 4 Petite-rue-des-Feuillants, 1er ; menus déj 13-19,50 €, dîner plats 22-27 € ; 🕙 lun-ven midi, tlj soir ; Ⓜ Hôtel-de-Ville). Un restaurant gastronomique thaï installé dans l'ancienne demeure des moines feuillants. La salle est un mélange surprenant de meubles et de calligraphies asiatiques, sans surcharge, sous une voûte en pierre et un plafond avec poutres apparentes. La cuisine, succulente, est à l'avenant : authentiquement thaïe, servie dans des feuilles de bananier, mais accompagnée de vins français.

Maison Villemanzy (☎ 04 72 98 21 21 ; 25 montée Saint-Sébastien, 1er ; plats 10,50 €, menu 23 € ; 🕙 lun soir-sam ; Ⓜ Croix-Paquet). Depuis la terrasse et le petit jardin d'hiver de ce restaurant de Jean-Paul Lacombe,

LYONNAIS MAIS PAS TROP

Le Canut et les Gones (☎ 04 78 29 17 23 ; 29 rue de Belfort, 4e ; plats 11-17,50 €, menu déj sauf dim 13 € ; 🕓 lun-sam ; Ⓜ Croix-Rousse). Un petit restaurant chaleureux à la déco originale : des bouteilles de vin-lampes pendent au plafond et des dizaines de vieilles pendules donnant des heures diverses et variées sont disposées un peu partout. Dans cette ambiance, le raffinement de la cuisine surprend quelque peu : le chef manie les épices à la perfection et concocte sans cesse des mélanges nouveaux à partir des produits du marché, comme ses succulentes gambas au curry. Sur la carte des desserts, ne manquez pas la panacotta, aussi légère qu'un nuage.

la vue sur Lyon et ses toits est exceptionnelle. Et la cuisine, raffinée, est à la hauteur, sans mauvais jeu de mots, pour un prix très correct. Gourmands, ne manquez pas le clafoutis aux figues avec sa crème au pain d'épices.

Catégorie supérieure

Plato (☎ 04 72 00 01 30 ; 1 rue Villeneuve, 4e ; plats 15-23, menus déj/dîner 15-19,50/33 € ; 🕓 lun-sam ; Ⓜ Croix-Rousse). Déco lounge et ambiance zen dans ce restaurant à la mode où se retrouve une clientèle locale plutôt branchée. Son succès n'est pas seulement dû à son cadre : la cuisine de type fusion y est aussi pour beaucoup. En saison, les plats de gibier sont à tester.

La Mère Brazier (☎ 04 78 28 15 49 ; 12 rue Royale, 1er ; plats 15-34 €, menus 46-55 € ; 🕓 mer-ven et dim midi, mer-sam soir ; Ⓜ Croix-Paquet). Une véritable institution, ouverte par Eugénie Brazier, l'une des plus célèbres mères lyonnaises (voir encadré p. 96). En 2004, le restaurant a été rénové et habillé de façon plus moderne, avec des coloris framboise, tout en conservant les boiseries originales. La cuisine fait toujours la part belle à la tradition et la célèbre spécialité des quenelles de brochet au gratin a elle aussi perduré.

Pause gourmande

L'Orienthé (3 rue des Capucins, 1er ; ☽ tlj 15h30-1h ; Ⓜ Hôtel-de-Ville ou Croix-Paquet). Parfait pour un moment de détente. Déco très indienne dans ce salon de thé branché, non fumeur à l'exception du narghilé. On ôte ses chaussures à l'entrée et on s'assied sur les coussins à même le sol. On savoure thés, jus de fruits et autres lassis (sorte de milk-shakes indiens à base de fruits frais), ainsi que des pâtisseries arabes.

Mimie la praline (☎ 04 78 27 86 91 ; 20 place de la Croix-Rousse, 4e ; ☽ tlj 7h30-19h30 ; Ⓜ Croix-Rousse). Une enseigne orange qui attire l'œil et, aussitôt, les papilles. Pains bio, pâtisseries maison et très bon café pour savourer une pause en découvrant la Croix-Rousse. Le cadre intérieur n'a rien d'exceptionnel. On déguste sur un comptoir des formules petit déj/goûter (2-6 €) d'un très bon rapport qualité/prix. À tester, l'excellente tarte à la praline, bien entendu !

Les Enfants gâtés (☎ 04 78 30 91 14 ; 3 place Sathonay, 1er ; ☽ mar-dim 10h-19h ; Ⓜ Hôtel-de-Ville). Pour petits et grands : on sert ici les glaces et les sorbets les plus savoureux non seulement du centre mais de la ville tout entière. La carte est composée d'un savant mélange de goûts classiques et de parfums originaux comme la figue ou le pain d'épice. Les coupes sont également succulentes et les portions généreuses. Pour compléter le tout, la terrasse sur la tranquille place Sathonay est très plaisante.

LES BROTTEAUX

Ce quartier, le plus cher de la ville, s'étend autour de l'ancienne gare des Brotteaux. Désaffectée en 1983, elle fut au début du XXe siècle la première gare de Lyon. Sa rénovation, commencée en 2002, s'est achevée en 2006. Y sont aujourd'hui installés, outre une salle de vente aux enchères, restaurants et boîtes de nuit fréquentés par une clientèle plutôt aisée.

Catégorie moyenne

Brasserie des Brotteaux (☎ 04 72 74 03 98 ; 1 place Jules-Ferry, 6e ; plats 11,80-18,80 €, menus 17,50-27 € ; ☽ lun-sam ; Ⓜ Brotteaux). En face de l'ancienne

LES MÈRES LYONNAISES

Vous entendrez les Lyonnais mentionner fièrement leurs "mères" à toutes les sauces (lesquelles mères, sauf cas particulier d'Œdipe non réglé, n'ont rien à voir avec leur génitrice), en référence aux papesses de la gastronomie locale. La tradition des mères lyonnaises remonte à la première moitié du XXe siècle, quand de nombreuses familles bourgeoises furent ruinées après la crise de 1929 et durent se séparer de leurs cuisinières. Certaines d'entre elles décidèrent d'exercer leurs talents dans des auberges. Et ceci donna naissance à une cuisine à la fois élaborée et populaire, toujours de grande qualité, servie dans une ambiance familiale et dans le cadre traditionnel des bouchons. Très vite, les mères portèrent sur leurs épaules la réputation de la cuisine lyonnaise. Parmi les mères célèbres, citons la mère Brazier (dont Paul Bocuse fut l'apprenti), la mère Allard, la mère Léa, la mère Fillioux, la mère Pompom, la mère Vittet ou encore la mère Guy. Elles n'exercent bien entendu plus aujourd'hui mais certains établissements, tels que celui de la mère Brazier (p. 94), existent toujours.

gare des Brotteaux, une brasserie à la sublime décoration Art nouveau datant de 1913. Si son succès ne se dément pas, c'est grâce à sa bonne cuisine française (à la sauce lyonnaise, bien sûr) à base de produits de saison en provenance directe du marché.

L'Est (☎ 04 37 24 25 26 ; gare des Brotteaux, 6e ; plats 11,50-28,50 € ; ⏰ tlj ; Ⓜ Brotteaux). Quel meilleur endroit que l'ancien buffet de la gare des Brotteaux, avec son mur de mosaïques, pouvait choisir Bocuse pour y concocter sa "cuisine des voyages" ? On y découvre une carte éclectique où le riz cantonais aux gambas avoisine les fettuccinis au homard et la volaille de Bresse à la broche. De quoi renouveler fréquemment cette excellente expérience.

Le Boudoir (☎ 04 72 74 04 41 ; 13 place Jules-Ferry, 6e ; plats 15-24 €, menu déj 12,50 € ; ⏰ mar-ven midi, mar-sam soir ; Ⓜ Brotteaux). Dans l'ancienne gare des Brotteaux. Un peu cher, mais la terrasse avec son auvent en voiles blanc et rose est superbe et de la musique jazzy accompagne agréablement votre repas. L'ambiance devient nettement plus torride le soir (voir p. 109), quand la jeunesse dorée envahit la piste de danse.

LA GUILLOTIÈRE

Le quartier de la Guillotière est le plus "ethnique" de la ville. On y trouve de nombreux restaurants asiatiques et arabes. Mais l'offre du quartier est loin de se limiter à ceux-là : d'excellents établissement de cuisine française ou étrangère y sont aussi établis.

Petits budgets

Le Tibouren (☎ 04 37 28 54 18 ; 16 rue Bonald, 7e ; plats midi/soir 6,50/10 €, menus déj/dîner 12/17 € ; ☽ lun-sam ; Ⓜ Guillotière). Un tout petit restaurant (25 couverts) où la chef propose à chaque service 2 entrées, 1 plat (parfois 2) et 2 desserts différents. Selon son humeur et les produits du marché. Les plats ne reviennent à la carte qu'au bout d'un an ! Et le résultat relève toujours du grand art. Espace réduit oblige, la réservation est obligatoire.

Minh Huy (☎ 04 78 72 19 79 ; 15 rue Aguesseau, 7e ; plats 5-15 € ; ☽ mar-dim ; Ⓜ Guillotière). Ce restaurant tenu par des Vietnamiens fait un peu office de cantine pour la population asiatique du quartier – tous pays confondus. À raison : ses crêpes farcies, ses feuilles de vignes à la vietnamienne et ses samoussas sont de pures merveilles. Pour ne rien gâcher, on vous accueille ici comme un membre de la famille.

La Danse du dragon (☎ 04 72 76 25 69 ; 11 rue Aguesseau, 7e ; plats 6-15 €, menus déj/dîner 12/16-18 € ; ☽ lun soir-sam midi ; Ⓜ Guillotière). Dans le quartier chinois, ce restaurant mêle différentes influences asiatiques. Le résultat : bon et pas cher. Le manque d'originalité du cadre est très largement compensé par la saveur des différentes fondues à la carte, la spécialité de la maison.

À Point café (☎ 04 78 61 87 70 ; 20 quai Claude-Bernard, 7e ; plats 3,50-7 €, menus 11-14 € ; ☽ lun-ven 8h30-18h ; tram 1 Quai Claude Bernard). Le chef de L'Alexandrin (p. 99) a installé au rez-de-chaussée de l'hôpital

---

DES PRIX COMPLÈTEMENT TOQUÉS

Si vous doutez encore du bien-fondé de la réputation de capitale de la gastronomie de Lyon, deux chefs lyonnais mondialement connus vous offrent la possibilité de découvrir la grande cuisine lyonnaise à prix raisonnables.

Paul Bocuse possède cinq brasseries thématiques dans différents quartiers : **L'Est** (p. 96), **Le Nord** (p. 83), **L'Ouest** (p. 100), **Le Sud** (p. 82) et **L'Argenson** (☎ 04 72 73 72 73 ; 40 allée Pierre-de-Courbertin, 7ᵉ ; plats 14,50-32 € , menus 19,50-21,80 € ; ☷ tlj ; Ⓜ Gerland).

Jean-Paul Lacombe a, quant à lui, ouvert neuf "Bistrots de cuisiniers", dont sept à Lyon même : **La Maison Villemanzy** (p. 93), **Le Bistrot de Lyon** (p. 85), **Le Gailleton** (p. 83), **Le Petit Léon** (p. 86), **Le Bistrot du Palais** (☎ 04 78 14 21 21 ; 220 rue Duguesclin, 3ᵉ ; plats 11,50 € , menu 23,80 € ; ☷ lun-sam ; Ⓜ Place-Guichard), **Le Bouchon aux vins** (☎ 04 78 38 47 40 ; 62 rue Mercière, 2ᵉ ; plat 10,80 € , menu 22,60 € ; ☷ tlj ; Ⓜ Cordeliers) et **Le Comptoir des Marronniers** (☎ 04 72 77 10 00 ; 8 rue des Marronniers, 2ᵉ ; plat 10,50 € , menu 22,80 € ; ☷ lun soir-sam ; Ⓜ Bellecour).

Saint-Joseph et Saint-Luc une cafet-resto placée sous le signe du bio et du commerce équitable. Sandwichs, tartines, salades mais aussi desserts, jus de fruits et thés pour le goûter. Bref, tout pour se refaire une santé ! Pour rester dans l'esprit du lieu, les détenteurs d'une carte TCL et les utilisateurs de Vélo'v (voir p. 123) bénéficient de 5% de réduction.

Catégorie moyenne

Le Blue bayou (☎ 04 72 73 20 90 ; 10 rue Bonald, 7ᵉ ; plats 7-22 € ; ☷ lun-sam soir uniquement ; Ⓜ Guillotière). Idée originale d'un Lyonnais passionné par la Louisiane, ce restaurant propose une carte en cajun avec de savoureuses spécialités louisianaises, du *chili con carne* au *jambalaya* (plat à base de viande ou poisson, bouillon de bœuf, riz et tabasco). La salle au décor surchargé et la musique d'inspiration country achèvent de plonger dans l'ambiance du sud des États-Unis.

Le Narguilé gourmand (☎ 04 72 60 92 65 ; 67 place Voltaire, 3ᵉ ; plats 5-18 €, menus déj/dîner 14/17,50-21 € ; 🕙 lun-ven midi, lun-sam soir ; Ⓜ Place-Guichard). Un sympathique restaurant de spécialités syriennes et plus généralement orientales. On y mange un succulent tajine aux pruneaux et amandes en profitant des fresques colorées qui ornent les murs et, le vendredi soir, d'un spectacle de danse orientale. Voilà pour le gourmand. Le narghilé est à savourer à la fin du repas.

Catégorie supérieure

L'Alexandrin (☎ 04 72 61 15 69 ; 83 rue Moncey, 3ᵉ ; menus déj/dîner 38/60-115 € ; 🕙 mar-sam ; Ⓜ Place Guichard). Ici, les légumes sont à l'honneur, frais et bio. Car Alain Alexanian, le chef, est le pape de la cuisine bio à Lyon depuis qu'il a ouvert le restaurant de l'hôpital Saint-Luc (voir p. 97). Les menus sont chers mais créativité et qualité en sont les maîtres mots.

QUAND UN JAPONAIS DONNE DES LEÇONS DE CUISINE FRANÇAISE

En mets fais ce qu'il te plaît (☎ 04 78 72 46 58 ; 43 rue de Chevreul, 7ᵉ ; menus déj uniquement 19-21 €, dîner plats 35-49 € ; 🕙 lun-ven ; Ⓜ Jean Macé). L'antre d'un chef japonais passé maître dans l'art de la cuisine française. À l'aise entre les murs jaune orangé et devant les tables bleues, on choisit les plats de son menu sur une simple feuille de papier écrite à la main, mais l'important n'est pas là. La mise en bouche, composée de différents types de saucissons, porte bien son nom et rend impatient de connaître la suite. Les plats changent en fonction des produits de saison, mais, si vous avez la chance de le voir apparaître au menu, sachez que le poulet de Bresse aux morilles et à la crème est divin. Réservation indispensable.

Pause gourmande

El Ghoul (6 rue Paul Bert, 3ᵉ ; 🕐 lun-sam ; Ⓜ Guillotière). Un salon de thé qui, vu de l'extérieur, n'a vraiment rien d'attrayant. Et pourtant, ce serait un tort que de passer son chemin. En arabe, *el ghoul* signifie "l'ogre" et on est effectivement pris d'une faim d'ogre lorsque l'on se retrouve face à cette multitude de pâtisseries arabes proclamées meilleures de la ville par la communauté arabe de Lyon. Le thé à la menthe, très sucré, est également excellent.

DANS D'AUTRES QUARTIERS

Buldo (☎ 04 78 83 99 41 ; 2 quai Raoul-Carrié, 9ᵉ ; plats 16-22 € supp sur le ponton, menus déj/dîner 12-18/28-42 € ; 🕐 tlj ; bus 31 ou 43, arrêt Saint-Rambert-Île-Barbe). Un air de campagne à une encablure de la ville : savourer les grenouilles en persillade sur le ponton installé sur la Saône en face de l'île Barbe est un bonheur sans nom. Le restaurant accueille régulièrement des expositions.

L'Ouest (☎ 04 37 64 64 64 ; 1 quai du Commerce, 9ᵉ ; plats 14-29,50 € ; 🕐 tlj ; bus 31 ou 43, arrêt Bourget). On reste béat devant l'immense terrasse (couverte) donnant sur la Saône. Si le temps ne se prête pas à un repas en extérieur, la salle aussi est accueillante avec sa cuisine ouverte où l'on peut observer le travail des cuisiniers. Le service comme la nourriture sont excellents. Tentez le risotto aux noix de Saint-Jacques, tout simplement exquis.

Le Ninkasi (☎ 04 72 76 89 00 ; 267 rue Marcel-Mérieux, 7ᵉ ; plats 4,90-13,50 €, buffet 10,50 € ; 🕐 lun-dim ; Ⓜ Gerland). Le célèbre bar/salle de concert (p. 109) accueille également un restaurant qui sert salades et sandwichs parmi lesquels d'excellents burgers. Rien à voir avec les fast-food insipides, les plus récalcitrants pourraient même voir leur image de la malbouffe sérieusement bousculée.

Il existe d'autres enseignes dans la ville (**Opéra** 27, rue de l'Arbre-sec, 1ᵉʳ ; **Ferrandière** 22, rue Ferrandière, 2ᵉ ; **Ampère**, 1 rue Henri-IV, 2ᵉ).

Sortir

Rien de plus simple que de trouver un endroit où prendre un verre à Lyon. La Cité des gones fourmille de cafés et de bars agréables. Que vous soyez à la recherche d'un bar branché ou plutôt d'un petit café décontracté, vous devriez trouver votre bonheur. Les établissements les plus sympathiques sont regroupés principalement sur la Presqu'île et les pentes de la Croix-Rousse, mais on en trouve également de très appréciés dans le Vieux Lyon et à la Guillotière. La plupart des bars proposent des plats – souvent bon marché – à la carte.

Il est tard et vous avez envie de vous déhancher sur les pistes jusqu'au bout de la nuit ? Ou seulement de boire un verre en écoutant quelques bons morceaux ? Lyon possède aussi de très bons clubs. Électro, latino, rock ou jazz : à vous de choisir la musique sur laquelle vous désirez vibrer.

Si vous êtes à la recherche de spectacles de qualité, sachez que Lyon possède une offre culturelle de premier choix. Opéra, musique, danse, théâtre ou cinéma : difficile de ne pas trouver quelque chose à son goût !

PRENDRE UN VERRE ET DANSER

LA PRESQU'ÎLE
Bars

L'Escalier (☎ 04 78 28 35 96 ; 8 rue de la Platière, 1er ; ☼ lun-sam 7h30-1h ; Ⓜ Hôtel-de-Ville). Un bar où l'on s'intègre rapidement à la foule des habitués. Les serveurs y sont pour beaucoup. Leur accueil est plus qu'amical et leur service attentif : on vous bichonne, on vous met à l'aise, on vous transforme en un membre de la tribu. Peintures et photos contemporaines aux murs ajoutent à l'atmosphère pleine de couleurs et de chaleur.

Ké pêcherie (☎ 04 78 28 26 25 ; 1 rue de la Platière, 1er ; ☼ tlj 7h-1h30 ; Ⓜ Hôtel-de-Ville). Le célèbre Bistrot de la pêcherie a changé de propriétaire (et de nom) mais a conservé l'atmosphère qui a fait son succès. À chaque moment de la journée, que l'on préfère les lieux décontractés ou plus branchés, on peut y trouver son bonheur. Au petit matin, avec un café en terrasse agrémenté d'une superbe vue sur les quais de Saône. En journée pour manger un morceau ou siroter un verre dans une atmosphère lounge. En soirée avec une musique plus électro et des Djs invités régulièrement.

Le Broc' bar (☎ 04 78 30 82 61 ; 20 rue Lanterne, 1er ; ☽ mar-sam 8h-1h, dim-lun 10h-20h ; Ⓜ Hôtel-de-Ville). Un bar tout de rouge et de jaune, tables et chaises comprises. À proximité de la place des Terreaux, c'est le lieu parfait pour une petite pause dans la journée, de préférence en terrasse si le temps le permet. Sa position centrale en fait un lieu fréquenté par une clientèle très variée. C'est également un endroit sympathique, plus branché en soirée.

Café des Négociants (☎ 04 78 42 50 05 ; 1 place Francisque-Régaud, 2e ; ☽ lun-jeu 7h-24h, ven-sam 7h-1h ; Ⓜ Cordeliers). Un cadre d'exception : superbes lustres, grands miroirs, hauts plafonds, dorures et banquettes en cuir ; grande terrasse à l'extérieur, parfaite en été. Une situation très centrale ajoute encore une qualité à cet établissement. Les consommations sont toutefois un peu chères et le service pourrait gagner en amabilité.

Le Broc'café (☎ 04 72 40 46 01 ; 2 place de l'Hôpital, 2e ; ☽ lun-mar 9h-20h, mer-sam 9h-1h ; Ⓜ Bellecour). Un des lieux de rendez-vous favoris des Lyonnais pour l'apéritif. Le nom de ce bar met sur la voie pour imaginer sa déco : des objets tout droit venus de brocantes sont disposés un peu partout. On notera les abat-jour qui tombent du plafond presque jusque sur les tables et les bougeoirs faits de cire fondue qui sont de véritables petites œuvres d'art.

Le Café 203 (☎ 04 78 28 66 65 ; 9 rue Garet, 1er ; ☽ tlj 7h-1h ; Ⓜ Cordeliers). Baptisé d'après le modèle de la Peugeot garée devant la plupart du temps. Ce café est un endroit central et particulièrement agréable quand il fait beau grâce à sa terrasse qui voit peu de passage motorisé. Le bar, comme la clientèle, est simple et décontracté. Son jumeau non-fumeur mitoyen, le Café 100 tabac, a malheureusement fermé à la fin de l'été 2006.

IN VINO HARMONIA

L'Harmonie des vins (☎ 04 72 98 85 59 ; 9 rue Neuve, 1er ; 🕙 mar-sam 10h-1h ; Ⓜ Cordeliers ou Hôtel-de-Ville). Idéal pour partager un bon verre entre amis. De grandes cuves (décoratives) et des tonneaux vous accueillent dans cet antre des amateurs de vin. Pierres apparentes, tables en bois, banquettes, voilà pour le cadre. Pour l'atmosphère, figurez-vous une ambiance décontractée, mêlant une clientèle de tous âges, des serveurs fort sympathiques et disponibles, et de très bon conseil pour faire son choix parmi les 300 vins à la carte ! On peut aussi y manger ou y grignoter (tapas ou plateaux de fromage et de charcuterie).

Ayers Rock (☎ 08 20 32 02 03 ; 2/4 rue Désirée, 1er ; 🕙 tlj 18h-3h ; Ⓜ Hôtel-de Ville). Un authentique pub australien au cœur de Lyon, voilà qui mérite bien une visite ! Meubles en bois, lambris aux murs, parquet au sol. On peut y déguster de la Forster bien sûr, mais aussi des *shooters* et autres cocktails élaborés par des barmans extrêmement agiles de leurs mains. Quand l'ambiance monte d'un cran, la foule se met à danser sur les tables.

Clubs

La Casa latina (☎ 04 78 28 42 20 ; 2 place des Terreaux, 1er, étage de la brasserie des Trois Rivières ; entrée 2 € ; jeu-sam 21h-3h ; Ⓜ Hôtel-de Ville). Bien caché mais pas introuvable, c'est le repaire des Latinos de Lyon. Entrez dans la brasserie des Trois Rivières et payez votre modeste obole (2 €) au videur qui se trouve devant l'escalier. S'ouvrira alors l'accès à un monde parallèle fait de salsa, *merengue* et autre *bachata*. Cours de salsa le jeudi (20h30 débutants, 21h30 intermédiaires).

Eden Rock Café (☎ 04 78 38 28 18 ; 68 rue Mercière, 2e ; 🕙 lun-mar 12h-1h, mer-jeu 12h-2h, ven-sam 12h-3h ; Ⓜ Cordeliers). En plein centre-ville, l'Eden Rock Café est un incontournable de la vie nocturne locale. Sa déco est très américanisée – pin-up grandeur nature, avant d'un camion de pompiers du Dakota du Sud en relief accroché au mur, écrans de

QUAND LE JAZZ EST LÀ

Hot Club Jazz (☎ 04 78 39 54 74 ; 26 rue Lanterne, 1er ; 🕑 mar-sam, horaires selon la programmation ; Ⓜ Hôtel-de-Ville). Amateurs de jazz, vous voici au paradis ! Le Hot Club Jazz, c'est non seulement une programmation éclectique et de grande qualité, mais aussi un cadre superbe. Les concerts ont lieu dans une cave voûtée. L'entrée, qui coûte généralement 9 € (réduit 7 €) pour les concerts, est gratuite pour les jam sessions (tous les samedis de 16h à 19h).

télévision, entre autres – et la clientèle assez étudiante en journée. Le soir en revanche, tout dépend du groupe invité : des concerts de rock sont programmés tous les soirs, du mercredi au samedi.

Extrême Légende (☎ 04 72 98 89 43 ; 22 rue Joseph-Serlin, 1er ; 🕑 jeu-sam 21h-3h ; Ⓜ Hôtel-de-Ville). Un lieu très sympa, avec deux salles, pour les amateurs de déhanchés sulfureux sur la piste. L'Extrême Légende se remplit assez tard, quand d'autres adresses du quartier ferment leurs portes. L'ambiance monte alors d'un coup et les fauteuils imitation zèbre deviennent difficiles d'accès à travers la foule qui bouge sur une musique variée, de l'électro à la salsa.

LE VIEUX LYON
Bars

Café-épicerie Les Loges (☎ 04 72 77 44 40 ; 6 rue du Bœuf, 5e ; 🕑 tlj ; Ⓜ Vieux-Lyon). Pour une petite pause dans votre découverte du Vieux Lyon. Ce bar est un savant mélange de détails anciens et de déco design. Deux immenses lustres en cristal pendent au-dessus du comptoir. Dans la salle, les murs sont roses et ornés de peintures contemporaines. Et si les boissons sont un peu chères, le prix est compensé par la bonne surprise qui les accompagne : un bol rempli de bonbons (fraises, bananes, cocas, crocos…) à consommer sans modération.

Café Møde (☎ 04 78 37 96 06 ; 8 rue Monseigneur-Lavarenne, 5e ; 🕑 tlj 17h-1h ; Ⓜ Vieux-Lyon). Bar scandinave. Soit, le concept est un peu obscur mais seulement jusqu'à ce qu'on y entre. Une fois à l'intérieur, le grand bar en bois, les fauteuils club et la mezzanine où l'on peut discuter tranquillement ont une sobriété mêlée de chaleur effectivement assez nordique. Des soirées étudiantes y sont régulièrement organisées, mais les autres soirs, on trouve aussi quelques trentenaires égarés !

Chez Mimi (☎ 04 78 38 09 34 ; 68 rue Saint-Jean, 5ᵉ ; ☾ mer-dim 12h-1h ; Ⓜ Vieux-Lyon). Plutôt surprenant de découvrir ce petit bistrot d'habitués au cœur du très touristique Vieux Lyon. Le cadre est celui d'un café d'autrefois, avec des meubles en bois et d'anciennes affiches publicitaires. Il fait bon y siroter un café, un verre de vin ou une bière en écoutant les clients débattre et s'enflammer sur des sujets de société. En résumé : la convivialité à l'état pur.

LA CROIX-ROUSSE
Bars

Le Bistrot fait sa broc' (☎ 04 72 07 93 47 , 3 rue Dumenge, 4ᵉ ; ☾ lun-sam 18h-1h ; Ⓜ Croix-Rousse). L'un des bars très branchés de la Croix-Rousse. Un lieu très coloré et à la bonne humeur contagieuse, où des objets chinés dans des brocantes et vide-greniers et des tables en formica forment un décor unique. À cela viennent s'ajouter des expositions de peintres contemporains renouvelées chaque mois.

Le Chantedlerc (☎ 04 78 28 13 69 ; 151 bd de la Croix-Rousse, 4ᵉ ; ☾ lun-sam 7h-1h, dim 8h-22h ; Ⓜ Croix-Rousse). Une institution croix-roussienne à fréquenter à tout moment de la journée et spécialement au moment du marché (mar-dim 7h-13h). On peut y prendre son café sur l'immense terrasse après avoir fait ses achats, en observant l'agitation qui règne sur le boulevard. Le soir, l'ambiance devient plus électrique, avec parfois des apéros-concerts. Tentez une bière brassée sur place.

Le Palais de la bière (☎ 04 78 27 94 00 ; 1 rue Terme, 1ᵉʳ ; ☾ mar-jeu 18h-1h, jeu-sam 18h-3h ; Ⓜ Hôtel de-Ville). Un établissement qui n'usurpe pas son nom, c'est le moins que l'on puisse dire : à la carte, 15 pressions différentes et pas moins de 300 bières en bouteille ! Sans oublier une aide précieuse et avisée pour faire son choix.

> ## POUR LE MEILLEUR (ET SANS LE PIRE)
>
> **Le Café de la mairie** (☎ 04 78 28 08 67 ; 4 place Sathonay, 1er ; ⊙ lun-sam 7h-24h ; Ⓜ Hôtel-de-Ville). Le rendez-vous préféré des habitants du quartier pour l'apéritif. Et comment ne pas les comprendre ? La place Sathonay est ombragée, très tranquille et il fait bon partager un verre sous l'un des grands parasols blancs en terrasse. L'intérieur ne paie pas de mine, mais la bonne ambiance est toujours au rendez-vous. Ici, rien de trop branché, mais un patron sympathique, un accueil simple et une atmosphère décontractée.

La bière au marron est une excellente surprise. Si vous n'êtes pas un grand amateur, goûtez une bière à la framboise ou à la pêche, beaucoup moins amères que les bières classiques. On peut aussi s'y restaurer (voir p. 92).

La Fourmi rouge (☎ 04 78 28 43 51 ; 7 place Colbert, 1er ; ⊙ lun 18h-1h, mar-dim 9h30-1h ; Ⓜ Croix-Rousse). La Fourmi rouge se trouve sur une petite place tranquille qui a la particularité de posséder une vue époustouflante sur Lyon. Le bar est fréquenté par une clientèle tendance babs cool plutôt sympathique, mais aussi par des habitants du quartier. Lieu engagé, ce bar n'a pas son pareil pour provoquer de grandes discussions animées !

Les Thés tard de Cat'mandou (☎ 04 78 29 96 91 ; 24 rue Leynaud, 1er ; ⊙ mer-jeu 20h-1h, ven-sam 20h-3h ; Ⓜ Hôtel-de-Ville ou Croix-Paquet). Un bar associatif afghan où l'on peut déguster, tranquillement installé sur des coussins ou une banquette, l'une des 22 sortes d'infusions et de thés à la carte. En cas de petite faim, il y a également des pâtisseries et petits plats salés orientaux. Le tout dans un cadre oriental à souhait. Entièrement non-fumeur.

Clubs

Café Cuba (☎ 04 78 28 35 77 ; 19 place Tolozan, 1er ; ⊙ mar-sam 11h-3h ; Ⓜ Hôtel-de-Ville ou Croix-Paquet). Un étrange mélange que le Café Cuba, qui se veut à la fois lieu d'ambiance cubaine et bar-lounge. Au

> ### ATMOSPHÈRE, ATMOSPHÈRE...
>
> **L'Atmosphère** (☎ 04 78 28 68 76 ; 9 montée des Carmélites, 1er ; 🕐 lun-jeu 18h-2h, ven-sam 18h-3h ; Ⓜ Croix-Rousse). Le melting-pot social *made in Lyon*. Ici, tout le monde se mélange, jeunes et vieux, étudiants et actifs, voisins et étrangers. Du coup, l'ambiance est véritablement unique. La musique est plutôt rock. Si vous souhaitez commencer par un moment de tranquillité, arrivez assez tôt. La soirée décolle véritablement aux environs de minuit et la foule déchaînée ne se calme qu'à l'heure de la fermeture !

final, le côté cubain transparaît surtout sur la carte des boissons et la cave à cigares. Le cadre est à la fois design et chaleureux avec ses petits salons accueillant des canapés baroques. La musique se compose principalement de house latino. Le Café Cuba accueille de nombreuses soirées étudiantes, ce qui rajeunit sérieusement la clientèle certains soirs.

LA GUILLOTIÈRE
Bars

Vi'n & Ko (☎ 04 37 65 09 71 ; 1 quai Claude-Bernard, 7e ; 🕐 tlj 10h-1h ; Ⓜ Guillotière). Un bar sympathique, aussi agréable en journée qu'en soirée, qui accueille des concerts le samedi soir. Aux beaux jours, tables et transats sont installés sur le terre-plein central du quai, à l'ombre des arbres, avec vue sur le Rhône et Fourvière. Le bruit des voitures ramène tout de même à la réalité : on est en ville, mais on y est si bien !

Gnome et Rhône (☎ 04 78 60 27 86 ; 157 avenue de Saxe, 3e ; 🕐 lun-sam 8h-3h ; Ⓜ Saxe-Gambetta). Ce bar à la mode, qui a la bonne idée de ne pas tomber dans les écueils de la "branchitude" et dont l'ambiance reste détendue, accueille régulièrement des concerts de style musicaux aussi variés que le blues, la salsa ou l'électro. La terrasse est agréable quand la météo est clémente, mais pour la fête, c'est à l'intérieur que ça se passe !

LA CROISIÈRE S'AMUSE !

Le Sirius (☎ 04 78 71 78 71 ; 21 quai Augagneur, 3ᵉ ; 🕐 lun-sam 16h-3h, dim 14h-20h ; Ⓜ Guillotière). Cette péniche amarrée quai Augagneur est un des endroits les plus agréables pour boire un verre, écouter de la musique et danser à Lyon. Des Djs y officient régulièrement (notamment Dj Philgood, qui mixe aussi sur La Marquise, voir ci-dessous) et des concerts, souvent gratuits, ont lieu sur le pont avant ou à l'intérieur. On y croise une foule très mélangée, de tous âges et décontractée. Un lieu très ouvert, idéal pour faire des rencontres amicales.

Clubs

La Marquise (☎ 04 72 61 92 92 ; 20 quai Augagneur, 3ᵉ ; 🕐 mar-sam 18h-5h ; Ⓜ Guillotière). Juste à côté du Sirius (ci-dessus), une autre péniche à la mode, au décor tout de rouge, avec des événements live (concerts et Djs) réguliers. La musique est variée mais tout de même à forte tendance hip-hop et électro. On peut toutefois assister à une soirée latina de temps à autres. Le jeudi à 20h30, la Ligue d'improvisation lyonnaise envahit les lieux et c'est l'occasion d'assister à de délectables joutes verbales (10 €, sur réservation).

DANS D'AUTRES QUARTIERS
Bars

O'Conways (☎ 04 72 13 13 60 ; gare de la Part-Dieu, 3ᵉ ; 🕐 lun-ven 5h45-21h30, sam 5h45-19h, dim 7h15-23h ; Ⓜ Part-Dieu). Les bars de gare où l'on se rend avec plaisir même si l'on n'a pas de train à prendre sont assez rares pour apprécier à sa juste valeur le O'Conways. Ce pub irlandais, situé juste à l'entrée de la gare de la Part-Dieu côté boulevard Vivier-Merle, possède un décor dans la plus pure tradition du genre. Et des bières à l'avenant. On en oublie que l'on se trouve dans une gare et que fourmillent à deux pas des centaines de voyageurs. Si la grande terrasse est agréable en été, elle ne procure pas ce sentiment d'ailleurs si appréciable à l'intérieur.

Clubs

Ninkasi Kao (☎ 04 72 76 89 00 ; www.ninkasi.fr ; 267 rue Marcel-Mérieux, 7ᵉ ; 🕐 lun-mer 10h-1h, jeu 10h-2h, ven 10h-3h, sam 10h-4h, dim 16h-24h ; Ⓜ Gerland). Une institution pour les oiseaux de nuit lyonnais. Au Ninkasi, on peut manger, boire (bière brassée sur place), danser et assister à des concerts. La clientèle y est diverse, de l'étudiant au trentenaire actif, et varie aussi en fonction des événements musicaux. Il existe d'autres Ninkasi à Lyon, fonctionnant sur le même principe (voir p. 100).

Le Transbordeur (☎ 04 78 93 08 33 ; www.transbordeur.fr ; 3 bd de Stalingrad, Villeurbanne ; 🕐 selon la programmation ; bus n°4 arrêt Cité internationale). Une salle de concerts, d'événements musicaux (Djs et soirées à thème) et de spectacles légendaire de la région lyonnaise. Bien sûr, l'ambiance dépend de la programmation, mais on peut faire confiance au staff pour organiser des soirées de qualité, que ce soit pour un artiste confirmé ou un débutant, pour une soirée-débat ou un match d'improvisation théâtrale.

Le Boudoir (☎ 04 72 74 04 41 ; 13 place Jules-Ferry, 6ᵉ ; 🕐 mar-ven 20h-3h, sam 20h-4h ; Ⓜ Brotteaux). Un lieu où il fait bon voir et être vu. Ce restaurant-bar (voir aussi p. 96) à forte dominante rouge et à l'ambiance feutrée se transforme en boîte de nuit le moment venu. Un Dj œuvre après minuit et pousse la population, plutôt aisée et branchée qui fréquente les lieux, à se déchaîner sur la piste.

La Voile (☎ 04 78 38 48 38 ; 12 quai Maréchal-Joffre, 2ᵉ ; 🕐 tlj 18h-3h ; Ⓜ Perrache ou Ampère). Un club un peu snob, fréquenté par la jeune jet-set lyonnaise. Pourtant, La Voile est très appréciable en été grâce à sa plage artificielle et, une fois passés les préjugés, on peut franchement s'y amuser. Surprenant : les prix sont assez raisonnables. Côté musique, dance et techno tendance commerciale.

NUITS GAYS ET LESBIENNES

La Chapelle (☎ 04 78 37 23 95 ; 60 montée de Choulans, 5e ; 🕒 mar-sam 18h30-4h ; bus 29 arrêt Coulans-Tourelles depuis Ⓜ Bellecour). Une énorme boîte *gay friendly* très branchée, au cadre totalement atypique. C'est dans une ancienne chapelle qu'a été installé ce club qui possède une grande terrasse, couverte et chauffée en hiver, et un parc de 5 000 m² où sont installés tables et canapés. Musique techno mixée par de bons Djs.

DV1 (☎ 04 72 07 72 62 ; 6 rue Violi, 2e ; 🕒 mer-dim 22h-4h ; Ⓜ Croix-Paquet). Club *gay friendly* ouvert à tous, il est réputé dans toute la ville pour sa programmation musicale d'une qualité exceptionnelle. On est ici dans l'antre de la très bonne musique électro : le DV1 reçoit d'excellents Djs et propose des soirées thématiques consacrées à des labels. Le lieu est petit et souvent bondé. Le bar est au rez-de-chaussée ; la piste de danse et les Djs au sous-sol, à la déco minimaliste.

Le Marais (☎ 04 78 92 80 89 ; 14 rue Thomassin, 2e ; 🕒 jeu 21h-4h, ven-sam 23h-5h ; Ⓜ Cordeliers). Réservé aux filles : Le Marais, c'est LE lieu des soirées et des nuits lesbiennes lyonnaises. Dans un décor aux murs roses et à la déco pop, l'ambiance est très festive. Le jeudi soir, la boite accueille un piano chantant ; les autres soirs, des Djettes mixent avec talent.

ALLER AU SPECTACLE

OPÉRA, MUSIQUE ET DANSE

Opéra (☎ 0826 305 325 ; www.opera-lyon.com ; place de la Comédie, 1er ; Ⓜ Hôtel-de-Ville). Opéra, ballets et concerts de musique classique prennent vie dans ce fabuleux bâtiment (voir p. 24). La programmation propose des œuvres souvent issues du répertoire classique et produites par l'Opéra lui-même. Les représentations sont toujours de grande qualité ; les spectacles de danse sont en revanche plutôt contemporains.

Auditorium – Orchestre national de Lyon (☎ 04 78 95 95 00 ; www. auditoriumlyon.com ; 84 rue Bonnel, 3ᵉ ; Ⓜ Part-Dieu). Surnommé la "coquille Saint-Jacques de béton", l'Auditorium accueille les 102 musiciens de l'Orchestre national de Lyon depuis 1975. Y sont programmés des concerts symphoniques d'œuvres classiques et modernes, mais aussi des concerts de jazz et de musique du monde. À noter : l'auditorium possède un orgue de salle de 7 000 tuyaux tout à fait impressionnant.

Maison de la Danse (☎ renseignements 04 72 78 18 18, réservations 04 72 78 18 00 ; www.maisondeladanse.com ; 8 avenue Jean-Mermoz, 8ᵉ ; tram T2 arrêt Bachut-Mairie du 8ᵉ). Le temple lyonnais de la danse contemporaine. La Maison de la danse accueille non seulement chaque année des troupes venues du monde entier mais est aussi un véritable lieu de création artistique qui propose, à chaque saison, de nouvelles œuvres d'une qualité rare.

THÉÂTRE

Théâtre des Célestins (☎ 04 72 77 40 40 ; www.celestins-lyon.org ; 4 rue Charles-Dullin, 2ᵉ ; Ⓜ Bellecour). Le théâtre des Célestins est de longue date un lieu artistique majeur sur la scène nationale (voir p. 26). Il participe aujourd'hui à de nombreuses créations en collaboration avec d'autres théâtres et sa codirectrice, Claudia Stavisky, a voulu accentuer à son arrivée en 2000 sa vocation de "théâtre d'art" à la portée du plus grand nombre.

Théâtre de la Croix-Rousse (☎ 04 72 07 49 49 ; www.croix-rousse.com ; place Joannès-Ambre, 4ᵉ ; Ⓜ Croix-Rousse ou Hénon). La programmation de ce théâtre est un savant mélange de spectacles d'envergure nationale et de petites pièces jouées par des troupes encore souvent inconnues du grand public. Il présente aussi des créations de la Compagnie de La Goutte, qui gère le lieu.

Théâtre des Marronniers (☎ 04 78 37 98 17 ; www.theatre-des-marronniers. com ; 7 rue des Marronniers, 2ᵉ ; Ⓜ Bellecour). Petit théâtre de seulement 50 places, perdu au milieu des restaurants de la rue des

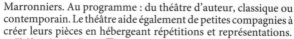

Marronniers. Au programme : du théâtre d'auteur, classique ou contemporain. Le théâtre aide également de petites compagnies à créer leurs pièces en hébergeant répétitions et représentations.

Théâtre Les Ateliers (☎ 04 78 37 46 30 ; www.theatrelesateliers-lyon.com ; 6 rue du Petit-David, 2ᵉ ; Ⓜ Cordeliers). Une grande salle à l'italienne et une seconde salle, plus petite, accueillent des spectacles de théâtre contemporain (XXᵉ et XXIᵉ siècles), au nombre desquels de nombreuses créations originales. Avant les premières des créations du théâtre, des répétitions sont fréquemment ouvertes au public.

Théâtre Tête d'or (☎ 04 78 62 96 73 ; www.theatretetedor.com ; 60 avenue du Maréchal-de-Saxe, 3ᵉ ; bus 18 arrêt Saxe-Lafayette depuis Ⓜ Cordeliers). Théâtre de divertissement avec de nombreuses créations mais aussi des troupes invitées, toujours sous le signe de l'humour. À partir de mars 2007, des représentations spécial jeune public seront également proposées, à commencer par un spectacle mettant en scène des fables de La Fontaine.

Théâtre national populaire (TNP ; ☎ 04 78 03 30 00 ; www.tnp-villeurbanne. com ; 8 place Lazare-Goujon, Villeurbanne ; Ⓜ Gratte-Ciel). Fondé en 1920, ce théâtre a été dirigé par Jean Vilar de 1951 à 1963. Sa programmation fait se succéder au fil des mois des pièces très différentes, de genres et d'époques variés, créations ou non, pour former un ensemble éclectique mais très représentatif du champ des possibles que recouvre le terme "théâtre".

Théâtre Nouvelle Génération (TNG ; ☎ 04 72 53 15 15 ; www.tng-lyon.fr ; 23 rue de Bourgogne, 9ᵉ ; Ⓜ Gare-de-Vaise). Centre dramatique national, le Théâtre Nouvelle Génération, dédié au jeune public, est un lieu bouillonnant de création artistique. Certaines œuvres sont accessibles aux enfants dès 3 ans ! Dans ses 2 salles, le TNG se propose de mettre en scène des spectacles utilisant des formes artistiques et des supports divers. Au menu des réjouissances : cirque, opéra, théâtre de papier, théâtre d'objet ou encore théâtre et peinture. Un régal pour petits et grands !

Compagnie des Zonzons (☎ 04 78 28 92 57 ; www.guignol-lyon.com ; 2 rue Louis-Carrand, 5ᵉ ; Ⓜ Vieux-Lyon). Spectacles de Guignol pour petits et grands. On ne le répètera jamais assez : Guignol n'est pas que pour les enfants ! Et c'est ici le parfait endroit pour vous en rendre compte par vous-même.

Les Subsistances (☎ 04 78 39 10 02 ; www.les-subs.com ; 8 bis quai Saint-Vincent, 1er ; bus 3, 19, 31, 44 arrêt Subsistances). Voir p. 53.

CINÉMA

Institut Lumière (☎ 04 78 78 18 95 ; www.institut-lumiere.org ; 25 rue du Premier-Film, 8e ; Ⓜ Monplaisir ou Lumière). Le président de l'Institut Lumière étant le cinéaste Bertrand Tavernier, la programmation se doit d'être à la hauteur ! Le résultat : films d'auteurs et soirées ou week-ends thématiques dédiés aux plus grands réalisateurs. Par exemple, on a pu voir ou revoir récemment les films majeurs de Fritz Lang, Jean-Luc Godard ou Takeshi Kitano.

La Fourmi Lafayette (☎ 08 92 68 05 98 ; 68 rue Corneille, 3e ; bus 28 arrêt Square-Jussieu depuis Ⓜ Bellecour). La Fourmi accueille les cinéphiles dans trois salles minuscules mais à la programmation majestueuse ! L'endroit idéal pour voir un film que vous avez manqué ou qui ne sera jamais programmé ailleurs.

Ambiance (☎ 08 36 68 20 15 ; www.cinema-ambiance.com ; 12 rue de la République, 1er ; Ⓜ Cordeliers). Trois salles dans ce ciné situé entre l'Opéra et le Théâtre des Célestins. Le programme est une savante association de films grand public (toujours en VO) et d'œuvres plus confidentielles, principalement étrangères.

Le réseau du Cinéma national populaire lyonnais (CNP) comprend trois établissements, tous situés sur la Presqu'île. Ils proposent des films grand public en VO ainsi que des rétrospectives, des festivals et une excellente programmation d'œuvres d'art et essai.

CNP Bellecour (☎ 04 78 38 23 54 ; 12 rue de la Barre, 2e ; Ⓜ Bellecour). Trois salles.

CNP Terreaux (☎ 04 78 42 04 62 ; 40 rue du Président-Édouard Herriot, 1er ; Ⓜ Hôtel-de-ville). Quatre salles.

CNP Odéon (☎ 04 78 42 04 62 ; 6 rue Grolée, 2e ; Ⓜ Cordeliers). Une salle.

Achats

Si vous êtes sujet à la fièvre acheteuse, Lyon est votre ville ! Plaisirs de bouche, antiquités, objets design, marchés divers et variés, vous trouverez de tout dans la Cité des gones.

Chaque quartier possède une spécificité : dans la Presqu'île, les rues de la République et du Président-Édouard-Herriot et leurs abords abritent une multitude d'enseignes connues, dont beaucoup de magasins de vêtements. Le Vieux Lyon, principalement autour de la rue Saint-Jean, est quant à lui spécialisé dans les boutiques de vêtements ethniques et d'artisanat du monde. Sur les pentes de la Croix-Rousse, on peut découvrir des œuvres de créateurs. La Guillotière rassemble les magasins asiatiques, arabes et africains : nourriture, vêtements, cosmétiques, on y trouve tout ce que l'on veut bien se donner la peine de chercher ! Enfin, le plus grand centre commercial de Lyon (voir p. 61) se trouve dans le quartier de la Part-Dieu.

GOURMANDISES

Lyon étant le temple de la gastronomie, il y a quelques adresses auxquelles il ne faut surtout pas échapper.

Salé

Halles de la Part-Dieu (102 cours Lafayette, 3e ; ⏰ mar-sam 7h-12h et 15h-19h, dim 7h-12h, restaurants et écaillers sept-avril jusqu'à 22h30 ; Ⓜ Place-Guichard). Quelque 60 commerçants vendent ici des produits de très bonne qualité : fromages, volailles, poissons, fruits et légumes et, bien sûr, charcuterie. Pour le saucisson lyonnais et la cochonnaille en général, un seul nom à retenir : **Colette Sibilia**.

Bahadourian (☎ 04 78 60 32 10 ; 20 rue Villeroy, 3e ; ⏰ lun-ven 8h-12h15 et 14h30-19h30, sam 8h-19h30 ; Ⓜ Guillotière). Épicerie fine et traiteur. On respire ici toutes les saveurs du monde grâce à des étals d'épices tout à fait impressionnants. On trouve également des ustensiles pour s'essayer à la cuisine des quatre coins du monde. Les prix pratiqués au rayon traiteur sont un peu élevés, mais les plats

sont tout simplement excellents. Autres boutiques aux Halles
de la Part-Dieu (voir p. 114) et à la Croix-Rousse (☎ 04 78 29 97
07 ; 5 rue du Mail, 4ᵉ ; Ⓜ Croix-Rousse).

Giraudet (☎ 04 72 77 98 58 ; 2 rue du Colonel-Chambonnet, 2ᵉ ; 🕓 lun
11h-19h, mar-sam 9h-19h ; Ⓜ Bellecour). Si Lyon est la capitale de la
quenelle, Giraudet en est certainement le roi. Le travail de quatre
générations a fait de la quenelle un mets raffiné et élaboré, aux
saveurs insoupçonnées. À goûter : les quenelles de brochet aux
écrevisses ou un gratin de quenelles en sauce. Il y a une autre
boutique aux Halles de la Part-Dieu (voir p. 114).

Sucré

Bernachon (☎ 04 78 24 37 98 ; 42 cours Franklin-Roosevelt, 6ᵉ ; 🕓 mar-sam 9h-
19h ; Ⓜ Foch). Le grand maître lyonnais du chocolat. Sa réputation
n'est plus à faire et est amplement méritée. Ses chocolats sont
d'une finesse inégalable, on en oublierait presque leur prix et
l'attitude peu amène des vendeuses. À essayer également, le
salon de thé éponyme, juste à côté.

Le Casati (☎ 04 78 37 30 67 ; 31 rue Ferrandière, 2ᵉ ; 🕓 lun 9h-18h, mar-sam 8h-
19h ; Ⓜ Cordeliers). Un lieu incontournable pour les amoureux des
pâtisseries. Ici, elles ont franchement un petit goût de paradis.
Succès (bien mérité) oblige, il faut souvent patienter, mais c'est
un bon moment pour apprécier les délices avec les yeux avant
de les croquer à pleines dents !

Voisin (☎ 04 78 37 79 41 ; 11 place Bellecour, 2ᵉ ; 🕓 lun 14h-19h, mar-sam
9h-19h30 ; Ⓜ Bellecour). Cette famille de chocolatiers est installée
à Lyon depuis plus de 100 ans et sa longévité est la preuve de
la qualité des produits. S'il vous en faut une autre, goûtez une
ganache à la cannelle ou au tiramisu. Il existe 14 boutiques
Voisin à Lyon.

Bouillet (☎ 04 78 28 90 89 ; 15 place de la Croix-Rousse, 4ᵉ ; 🕓 mar-sam 8h-
19h30, dim 8h-18h ; Ⓜ Croix-Rousse). Du chocolat, certes, mais surtout des
macarons aux saveurs exquises. Du simple macaron au chocolat
noir à celui au citron et gingembre, il y en a pour tous les goûts.
Plutôt cher mais le plaisir est vraiment au rendez-vous.

Perroudon (☎ 04 78 37 37 56 ; 6 rue de la Barre, 2ᵉ ; 🕐 mar-dim 8h-19h ; Ⓜ Bellecour ; ☎ 04 78 37 30 75 ; 5 rue Adolphe-Max, 5ᵉ ; Ⓜ Vieux-Lyon). Deux enseignes pour cette excellente pâtisserie. L'accueil de celle située dans le Vieux Lyon est cependant beaucoup moins agréable que dans l'autre, qu'on lui préférera donc.

Richart (☎ 04 78 37 38 55 ; www.chocolats-richart.com ; 1 rue du Plat, 2ᵉ ; 🕐 lun-sam 9h30-19h ; Ⓜ Bellecour). Un autre prince lyonnais du chocolat. Michel Richart, fils d'un maître chocolatier de la Croix-Rousse, est considéré comme *le* designer du chocolat. Ses créations sont aussi fascinantes pour les papilles que pour les yeux ! À admirer (et goûter) : les dessins d'enfants reproduits sur de succulents chocolats. Il existe une autre boutique dans le 6ᵉ arrondissement (☎ 04 78 89 00 21 ; 35 cours Franklin-Roosevelt ; Ⓜ Foch).

Sucré-salé

Pignol (☎ 04 78 37 39 61 ; 8 place Bellecour, 2ᵉ ; 🕐 lun-sam 8h-19h30 ; Ⓜ Bellecour). Jetez un œil à la vitrine de ce traiteur et laissez-vous aller. Car oui, c'est aussi bon que ça en a l'air ! Plats, sandwichs, salades, faites votre choix. Pour ceux qui seraient tentés par un peu de sucré pour finir, il y a une pâtisserie attenante.

La Minaudière (☎ 04 78 37 67 26 ; 5 rue de Brest, 2ᵉ ; 🕐 lun-sam 9h-19h30, dim 9h-13h ; Ⓜ Cordeliers). Un autre traiteur d'exception. On y trouve de la charcuterie mais aussi et surtout de fabuleux fromages. Autre spécialité de la maison : les pâtes de fruits. Ne jamais, jamais dire que l'on n'aime pas ça avant d'avoir goûté celles-ci !

MARCHÉS

Les marchés sont légion à Lyon. Chacun possède son âme propre et c'est toujours un plaisir de déambuler entre les stands, peu importe ce qu'ils vendent !

Marchés alimentaires

Il existe des marchés alimentaires dans tous les quartiers de la ville. Parmi les plus célèbres et les plus importants : le **marché de la Croix-Rousse** (bd de la Croix-Rousse, 1ᵉʳ ; 🕐 mar-dim 6h-13h30 ; Ⓜ Croix-

Rousse) – où l'on trouve aussi des vêtements, de l'artisanat et des produits manufacturés – et le **marché Saint-Antoine** (quai Saint-Antoine, 2ᵉ ; Ⓥ mar-dim 6h-13h30 ; Ⓜ Cordeliers). À noter également, le **marché fermier** (place Carnot ; 2ᵉ ; Ⓥ mer 16h-19h30 ; Ⓜ Perrache) qui a la particularité d'avoir lieu en fin d'après-midi et d'accueillir uniquement des producteurs fermiers.

Autres marchés

Marché de la création (quai Romain-Rolland, 5ᵉ ; Ⓥ dim 6h-13h30 ; Ⓜ Vieux-Lyon). Depuis 1979, plus de 150 artistes, peintres, sculpteurs, créateurs de bijoux, mais aussi musiciens et poètes présentent leurs œuvres sur ce marché peu banal. Juste à côté, quai de Bondy, il est complété par le **marché de l'artisanat**.

Puces du canal (1 rue du Canal, Villeurbanne ; Ⓥ jeu et sam 8h-12h, dim 6h-13h ; bus 7 arrêt Le Roulet depuis Ⓜ Laurent-Bonnevay). Antiquités et brocante à la périphérie de Lyon. Pour dénicher un trésor ou tout simplement flâner entre les meubles d'époque, les peintures et les bibelots.

Bouquinistes (quai de la Pêcherie, 2ᵉ ; Ⓥ sam-dim 10h-18h ; Ⓜ Hôtel de-Ville).

Marché aux timbres (place Bellecour, 2ᵉ ; Ⓥ dim 6h-13h30 ; Ⓜ Bellecour). Philatélistes de tous horizons se retrouvent ici le dimanche matin pour vendre ou rechercher des pièces rares et échanger leurs tuyaux.

Marché aux animaux (place Carnot, 2ᵉ ; Ⓥ dim 6h-12h ; Ⓜ Perrache) Un incroyable marché aux animaux domestiques en général et aux chiens en particulier anime la place Carnot chaque semaine, pour le plus grand plaisir des enfants et des amateurs de la race canine.

ARTISTES ET ARTISANS CRÉATEURS

Le Village des créateurs (passage Thiaffait, 1ᵉʳ ; www.passagethiaffait.fr ; Ⓥ mer-sam 12h-19h ; Ⓜ Croix-Paquet). Ce "village" est une pépinière de 10 jeunes créateurs : un bail d'un an, renouvelable une fois, leur est accordé ainsi que des conditions privilégiées pour faire connaître leur travail. Prêt-à-porter, accessoires, bijoux, objets

---

HEUREUX QUI EST UNIQUE

La Croix-Rousse regorge de petites boutiques de créateurs où l'on peut trouver des objets uniques : bijoux, vêtements, accessoires, maroquinerie. Voici une petite sélection : le plaisir tient aussi au fait d'arpenter les rues à la recherche de son bonheur !

Albane Mély (☎ 04 78 27 15 76 ; 8 place Fernand-Rey, 1er ; � lun-sam 10h-19h). Pour des bijoux uniques.

Sophie Guiot (☎ 04 72 07 79 60 ; 8 rue Saint-Polycarpe, 1er ; ☀ mar-ven 14h-19h, les 2 premiers sam du mois 12h-19h). Kimonos exceptionnels, entre autres.

Galerie Singul'art (☎ 04 78 39 12 65 ; 46 montée de la Grande-Côte, 1er ; ☀ mer-sam 10h-12h et 14h-19h). Peintures et dessins singuliers, comme le nom de la galerie le laisse deviner.

---

design : c'est l'occasion de découvrir les créations uniques de jeunes talents lyonnais.

Passage de l'Argue (entre les rues de la République et du Président-Édouard-Herriot, 2e ; M Hôtel-de-Ville). Ce charmant passage est habité par des boutiques de chapeliers et de couteliers qui semblent d'un autre temps.

Quartier Auguste-Comte (rue Auguste-Comte et ses alentours, 2e ; M Ampère). Ce quartier abrite près d'une trentaine de galeries d'antiquaires spécialisées dans les tableaux, les bijoux, l'archéologie, le mobilier ou les objets d'art.

Cité des antiquaires (117 boulevard de Stalingrad, Villeurbanne ; ☀ jeu, sam et dim 10h-19h ; bus 70 arrêt Chaplin-Rolland depuis M Charpennes). Paradis des amateurs d'antiquités, tout près de la Cité internationale. On y trouve ce dont on rêve et on rêve de pouvoir s'offrir ce qu'on y trouve.

Parler lyonnais

On entend principalement l'accent lyonnais dans la prononciation du son [œ], utilisé dans les mots "acc**ueil**", "chevr**euil**" ou "f**euil**le", par exemple. En effet, à Lyon, ce son est prononcé [ø], comme dans "**euh**…", "**feu**" ou "**jeu**". Les Lyonnais ont aussi tendance à "avaler" certains [e] : on parle ainsi des "**qu'n**elles" et non des "**que**nelles".

Pas d'inquiétude : comprendre les Lyonnais est loin d'être une mission impossible ! Même si surviennent parfois, au fil d'une conversation, quelques intonations spécifiques et un certain nombre d'expressions obscures pour les non-initiés. Voici une petite liste non exhaustive. Voir aussi l'encadré *Petit guide culinaire de survie*, p. 84.

Canut (masc.) : ouvrier de la soie. Quant à savoir pourquoi le féminin de canut est "canuse" et non "canute"…

Ficelle : surnom du funiculaire.

Gone (masc.) : gamin. Par extension, Lyonnais. L'un des noms de Lyon est d'ailleurs la "Cité des gones".

La Ré : rue de la République. Rares sont les Lyonnais qui n'utilisent pas cette abréviation. Quand on vous dit "Rendez-vous rue de la Ré", ne pas chercher une hypothétique "rue de l'Arrêt" donc.

L'heure : les Lyonnais vous demanderont "Quelle heure c'est ?" et pourront vous répondre des choses obscures telles que "C'est et 20" (mieux vaut donc avoir au préalable une idée de l'heure qu'il peut être).

Traboule (fém. ; verbe trabouler) : passage qui mène à une cour intérieure entre deux immeubles (voir p. 46)

Vélo'v (prononcer vé-love) : vélo rouge en libre-service accessible grâce à des bornes disposées dans toute la ville (voir p. 30 et p. 123).

Y : le pronom adverbial "y" s'emploie normalement pour remplacer un complément de lieu (ex : je vais à Lyon – J'y vais). Jusque-là tout va bien. Mais à Lyon, on l'utilise souvent pour remplacer toutes sortes de compléments, ce qui donne des phrases comme : "Tu peux y porter ?" (tu peux le porter ?) ou encore "Je vais y faire" (je vais le faire). Attention tout de même à ne pas vous y risquer trop vite, le raté du novice en la matière confinant fréquemment au ridicule.

Carnet pratique

ALLER À LYON

TRAIN

Les deux gares TGV de Lyon accueillent des trains en provenance de toute la France. Des trains directs partent de la plupart des grandes villes et permettent un gain de temps non négligeable par rapport à un trajet en voiture. On peut ainsi rallier Lyon en 3 heures depuis Lille, 2 heures depuis Paris, 4 heures 20 depuis Nantes, 6 heures depuis Bordeaux, 4 heures depuis Toulouse, 1 heure 40 depuis Marseille, 3 heures 45 depuis Bruxelles (informations et réservations sur www.voyages-sncf.com ou au ☎ 3635).

La gare de Lyon-Part-Dieu est desservie par la ligne B du métro et le tramway T1. Pour rejoindre la Presqu'île ou le Vieux Lyon, prenez la ligne B jusqu'à la station Saxe-Gambetta puis la ligne D qui a des arrêts place Bellecour et dans le Vieux Lyon. La ligne A et les tramways T1 et T2 passent par la gare de Lyon-Perrache. Il est cependant facile de rejoindre le nord de la Presqu'île à pied si vous n'êtes pas trop chargé. Sinon, la ligne A vous y conduit directement. Depuis la place Bellecour, une correspondance permet de rallier le Vieux Lyon.

VOITURE

Lyon est depuis l'époque romaine un important carrefour routier. La ville est reliée à Paris par l'autoroute du soleil (A6 ; 455 km ; 4 heures 30) et à Marseille par l'A7 (310 km ; 3 heures). Depuis Genève, prendre l'A40 puis l'A42 (148 km ; 1 heure 30), et depuis Lille l'A1 puis l'A6 (690 km ; 6 heures 30).

Lyon possède 18 parcs de stationnement, principalement sur la Presqu'île mais aussi autour de la Part-Dieu, dans le Vieux Lyon et à la Cité internationale. Certains sont de véritables œuvres architecturales. Le parking des Terreaux notamment possède 6 dalles en granit retraçant l'histoire de Lyon, et celui de République met en scène un jeu de lumières tout à fait étonnant. Le parking des Célestins mérite également un coup d'œil : conçu par Michel Targe, Daniel Buren et Jean-Michel Wilmotte, on peut en voir l'intérieur grâce à un périscope installé sur la place.

AVION

Air France (☎ 3654 ; www.airfrance.fr) propose des vols directs quotidiens depuis Paris (à partir de 150 €), la plupart des villes de province, Bruxelles et Genève.

Des **navettes Satobus** (1 dép/20 min ; adulte/12-25 ans/4-11 ans 8,40/6,20/4,20 €) relient l'aéroport Saint-Exupéry au centre de Lyon en environ 35 minutes, tous les jours. Elles s'arrêtent notamment à la Part-Dieu et à Perrache, d'où vous pouvez empruntez les correspondances tramway ou métro.

CIRCULER À LYON

TRANSPORTS EN COMMUN

À Lyon, le réseau des transports en commun est géré par les Transports en commun lyonnais (TCL). Pour le plan des lignes de métro, de funiculaire et de tramway, voir p. 126.

Le prix du ticket à l'unité est de 1,50 €. Un carnet de 10, disponible dans les stations et les bureaux TCL, coûte 12,20 €. Un ticket est valable pour un déplacement sur tout le réseau – métro, funiculaire, tramway et bus – dans la limite d'une heure et sans aller-retour sur la même ligne. Une seule contrainte : valider le ticket à chaque changement, sauf entre deux lignes de métro.

Le ticket Liberté valable une journée (4,30 €) est une option souvent avantageuse. Vous pouvez aussi opter pour un Pass hebdo (14,40 €), mais il vous faudra auparavant vous procurer une carte Técély (5 € ; valable 5 ans).

Pour plus de renseignements, consultez le site www.tcl.fr ou appelez le ☎ 0820 42 70 00.

Métro

Le réseau lyonnais comporte 4 lignes qui quadrillent la ville de façon plutôt efficace.

La **ligne A** (rouge) relie la gare de Perrache, au sud de la Presqu'île, à la station Laurent-Bonnevay, à l'est de la ville. Départs de Perrache de 6h à 0h20, de Laurent-Bonnevay de 4h30 à minuit.

La **ligne B** (bleue) va de Gerland, au sud-est, à Charpennes, au nord-est, en passant par la gare de la Part-Dieu. Départs de Gerland de 4h55 à 0h13, de Charpennes de 4h40 à 0h18.

La **ligne C** (orange) remonte les pentes de la Croix-Rousse, de l'hôtel de ville au quartier de Cuire, au nord. Départs d'Hôtel-de-ville de 6h à 0h25, de Cuire de 5h à 0h10.

La **ligne D** (verte) va de la station Gare-de-Vaise, au nord-ouest, à celle de Gare-de-Vénissieux, au sud-est. Départs de 5h à 0h15.

Bus et trolleybus

Plus d'une centaine de lignes de bus parcourent l'agglomération. Les départs se font entre 5h et minuit environ. Lyon possède le plus grand parc français de trolleybus (bus électriques qui s'apparentent à des tramways), peu polluants, qui circulent sur 6 lignes (1, 4, 11, 13, 18 et C1).

Tramway

Inauguré en 2000, les deux lignes du tramway lyonnais complètent bien le réseau du métro. Le T1 part de Montrochet, au sud de la Presqu'île, vers le nord-est jusqu'à l'arrêt IUT-Fessine via la gare de la Part-Dieu. Le T2 va de la gare de Perrache jusqu'à Saint-Priest, au sud-est de Lyon. Le temps d'attente avant le tramway à venir est indiqué sur un panneau à chaque arrêt.

Les départs du T1 ont lieu de 5h à 23h45 depuis Montrochet, et de 6h30 à 0h20 depuis IUT-Fessine. Ceux du T2 ont lieu de 6h à 0h30 depuis Perrache et de 5h à 23h40 depuis Saint-Priest.

Depuis décembre 2006, une troisième ligne, Léa-T3, permet de relier rapidement les communes situées à l'est de Lyon (Villeurbanne, Vaulx-en-Velin, Décines et Meyzieu) à la Part-Dieu. Une quatrième ligne est prévue pour 2009.

À LYON, ON N'A PAS DE PÉTROLE, MAIS ON A DES IDÉES !

La ville de Lyon a su mettre en place des moyens de transports écologiques à l'usage de tous. Tramway, trolleybus (plus quelques bus à batterie électrique autonome), cyclopolitain et Vélo'v font désormais partie du paysage urbain. Et aujourd'hui, les Lyonnais n'hésitent pas à remiser leur voiture au garage pour les utiliser. Faites comme eux ! Vous ne ferez pas que polluer moins, vous gagnerez temps et énergie, car souvenez-vous qu'il n'y a rien de tel qu'un bon embouteillage pour transformer un week-end de détente en cauchemar familial !

Funiculaire

Il y a deux lignes de funiculaire (ou "ficelle" pour les Lyonnais). Toutes deux se rejoignent à la station de métro Vieux-Lyon. L'une relie l'esplanade de Fourvière, l'autre le quartier Saint-Just avec un arrêt au niveau du site archéologique (station Minimes). Elles n'ont pas de numéro pour les distinguer, donc vérifiez bien que vous êtes sur le bon quai. La ligne qui relie Saint-Just circule de 6h20 à minuit, celle qui va à Fourvière de 6h à 22h.

Le funiculaire grimpe sur la colline de Fourvière de façon très abrupte. Il est malheureusement impossible de profiter de la vue, car les wagons passent dans des sortes de tunnels à flanc de montagne. Cependant, au départ et à l'arrivée, on peut voir les impressionnantes bobines sur lesquelles s'enroulent les câbles qui tirent le train.

Il existe un ticket Funiculaire, qui permet de faire un aller-retour sur une des lignes, dans la même journée, pour 2,20 €.

VÉLO

Initiative lyonnaise, les Vélo'v sont des vélos accessibles 24h/24 en libre-service. La marche à suivre est simple. Pour obtenir une carte de courte durée (valable 7 jours), vous avez seulement besoin d'une carte bancaire. Rendez-vous à une borne et suivez les instructions sur l'écran. La carte coûte 1 € (caution de 150 €, non encaissée). Ensuite, à chaque fois que vous empruntez un vélo, les 30 premières minutes sont gratuites (1 € de 30 min à 1 heure 30, 2 € l'heure supplémentaire). Le Vélo'v doit être restitué sous 24h maximum.

Une fois que vous avez obtenu votre carte, faites lire le code barre par la machine, choisissez le numéro d'un Vélo'v et vous disposez d'une minute pour le retirer. Pour cela, il suffit d'appuyer sur le petit rond de la borne et de tirer le Vélo'v en arrière. Pour le rendre, pas besoin de la carte, il suffit de réenclencher le Vélo'v dans la borne.

CYCLOPOLITAIN

Ces tricycles électriques, respectueux de l'environnement, peuvent être une bonne alternative aux taxis traditionnels pour se déplacer dans le centre-ville. Les cyclopolitains (www.cyclopolitain.com), conduits par de sympathiques cyclonautes, desservent la Presqu'île dans un périmètre allant de la place des Terreaux à la place Carnot (devant la gare de Perrache), plus le parc de la Tête-d'or et la gare de la Part-Dieu. Ils fonctionnent de début mars au 24 décembre, du lundi au samedi entre 11h et 19h. Les courses, rapides car les véhicules sont autorisés à circuler sur la chaussée, sur les pistes cyclables et dans les rues piétonnes, coûtent 1 € par personne et par kilomètre. Pour 1 € de plus, on vient vous chercher dans un délai de 5 minutes (☎ 04 78 30 35 90). Des balades pour découvrir la ville sont également proposées (1/2 pers 7/10,50 €).

ADRESSES UTILES

OFFICE DU TOURISME

Lyon tourisme & congrès (☎ 04 72 77 69 69, centrale de réservations 04 72 77 72 50 ; place Bellecour, 2e ; www.lyon-france.com ; ☯ mi-juin-sept 9h30-18h, oct-mi-juin 10h-17h30 ; Ⓜ Bellecour)

CYBERCAFÉS

"L'Internet pour tous", fascicule très complet détaillant dans chaque arrondissement les cybercafés ainsi que les cafés, restaurants et hôtels disposant d'une connexion WiFi, est disponible gratuitement à l'office du tourisme de la place Bellecour.

La Poste Bellecour (☎ 04 72 40 65 22 ; 10 place Antonin-Poncet, 2ᵉ ; 🕒 lun-ven 8h-19h, sam 8h30-12h30 ; carte avec 1 heure de connexion 7 €, recharge 4 €/h ; Ⓜ Bellecour)

Le Fun café (☎ 04 78 42 92 43 ; 30 rue du Plat, 2ᵉ ; 🕒 lun-ven 7h30-19h30, sam 11h-19h ; 5 €/h ; Ⓜ Bellecour). Très central.

SITES INTERNET

www.lyon-france.com : le site bouillonnant d'informations de l'office du tourisme
www.lyon.fr : le site officiel de la ville de Lyon
www.vieux-lyon.com : nombreuses données culturelles et pratiques sur le Vieux Lyon
www.lyon-passionnement.com : adresses, informations culturelles et photos

MÉDIAS LOCAUX

Le Progrès (www.leprogres.fr). Le quotidien de Lyon et de sa région.
La Tribune de Lyon (www.tribunedelyon.fr). Hebdomadaire d'actualité de l'agglomération lyonnaise récemment repris par ses salariés.
Le Petit Bulletin (www.petit-bulletin.fr). Hebdo gratuit consacré aux spectacles, au ton un rien décalé et à forte valeur ajoutée !
Le Petit Paumé (www.petitpaume.com). Guide gratuit, conçu par des étudiants de l'École supérieure de commerce de Lyon. Nombreuses adresses de restaurants, bars et clubs.
Bulles de gones (www.bullesdegones.com). Magazine gratuit (parution tous les deux mois ; disponible notamment à l'office du tourisme) qui recense les activités, les événements et les spectacles destinés au jeune public et aux familles.

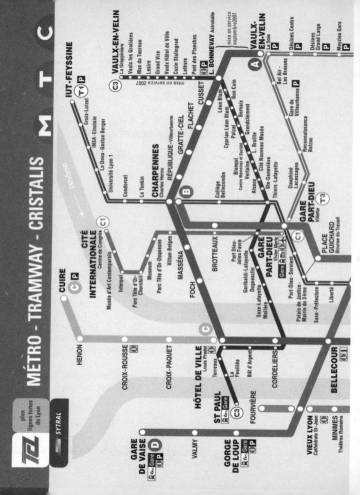

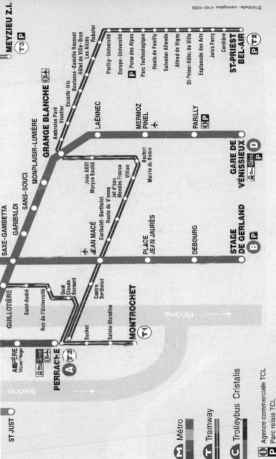

© latitude-cartagène n°42-10/06

ST JUST

Saône

Rhône

MEYZIEU Z.I.

PERRACHE

MONTROCHET

GRANGE BLANCHE

SAXE-GAMBETTA
GARIBALDI
SANS-SOUCI
MONPLAISIR-LUMIÈRE

GUILLOTIÈRE

AMPÈRE
Victor-Hugo

Saint-André
Rue de l'Université

Quai
Claude
Bernard

Centre
Berthelet

Suchet

Sainte-Blandine

JEAN MACÉ

Garibaldi-Berthelot
Route de Vienne
Jet d'eau
Mendès France
Villon

Jean XXIII
Marie Bastié

Bachut
Mairie du 8ème

PLACE
JEAN JAURÈS

DEBOURG

STADE
DE GERLAND

GARE DE
VÉNISSIEUX

Gare

LAËNNEC

Ambroise Paré
Vinatier

MERMOZ
PINEL

PARILLY

Parilly-Université

Europe-Université
Porte des Alpes
Parc Technologique
Hauts de Feuilly
Salvador Allende
Alfred de Vigny
St-Priest-Hôtel. de Ville
Esplanade des Arts
Jules Ferry
Cordière

Essarts-Iris
Boutasse-Camille Rousset
Hôtel de Ville-Bron
Les Alizés
Rebufer

**ST-PRIEST
BEL-AIR**

Métro

Tramway

Trolleybus Cristalis

Agence commerciale TCL
Parc relais TCL
Navette aéroport
Office de tourisme

Accessibilité
Toutes les stations de métro, tramway et trolleybus Cristalis sont accessibles à l'exception de la station Croix-Paquet.
Pour connaître la disponibilité des ascenseurs, appelez le 04 26 10 12 12 ou consulter le site internet www.acces.tcl.fr

Légende du plan